版权声明

Katharina Bralo-Zeitler, Siehst du die Welt auch so wie ich? : Philosophieren mit Kindern, edited by Akademie Kinder philosophieren im Bildungswerk der Bayerischen Wirtschaft e.V., illustrated by Bjarke © 2016[2] Verlag Herder GmbH, Freiburg im Breisgau.

Siehst du die Welt auch so wie ich?

Philosophieren mit Kindern

思考世界的小哲学家

幼儿园儿童哲学活动设计与案例

[德] Katharina Bralo-Zeitler 著

杨妍璐 译

中国轻工业出版社

图书在版编目（CIP）数据

思考世界的小哲学家：幼儿园儿童哲学活动设计与案例／（德）卡塔琳娜·布拉洛－蔡特勒著；杨妍璐译．—北京：中国轻工业出版社，2021.5（2022.7重印）

书名原文：Siehst du die Welt auch so wie ich?：Philosophieren mit Kindern

ISBN 978-7-5184-3405-3

Ⅰ.①思… Ⅱ.①卡… ②杨… Ⅲ.①哲学－学前教育－教学参考资料 Ⅳ.①G613

中国版本图书馆CIP数据核字（2021）第030616号

总 策 划：石　铁

策划编辑：孔胜楠　　责任终审：腾炎福

责任编辑：孔胜楠　　责任监印：刘志颖

出版发行：中国轻工业出版社（北京东长安街6号，邮编：100740）

印　　刷：三河市双升印务有限公司

经　　销：各地新华书店

版　　次：2022年7月第1版第2次印刷

开　　本：880×1230　1/32　印张：6.00

字　　数：50千字

书　　号：ISBN 978-7-5184-3405-3　定价：58.00元

读者热线：010-65181109，65262933

发行电话：010-85119832　传真：010-85113293

网　　址：http://www.chlip.com.cn　http://www.wqedu.com

电子信箱：1012305542@qq.com

如发现图书残缺请与我社联系调换

201014Y1X101ZYW

译者序　教育从闲暇开始

这是一个平常的幼儿园的午后，孩子们从睡梦中醒来，穿好衣服，坐在小椅子上，准备吃小点心。我也坐在一边，想听听他们今天在餐桌旁会聊些什么。这时，一个小女孩打开了话匣子："明天是万圣节，我要去讨糖吃！"话音刚落，旁边的小男孩回应道："什么万圣节，我不喜欢万圣节，万圣节就是放屁节！"小男孩的话让教室瞬间炸开了锅。

"要是有放屁节，我早就被熏死了！"

"是呀，哪有什么放屁节，我可没过过这样

的节日……”

“要是真有放屁节，我绝对不会去参加！”

“要是有这样的节日，谁会去参加呀？”

“到底有没有放屁节？”

……

孩子们的闲谈看似漫不经心，实则是对生活经验的慎思、对生命意识的表达。我在孩子们七嘴八舌的讨论中陷入了沉思：在幼儿园里，孩子们难道不是在自发地做哲学吗？为什么还要设置那些高结构化的儿童哲学活动呢？

当然，在决定翻译这本书时，我已经这样问过自己，我想结合这些年的实践经验来谈谈这个问题。

从 2014 年开始，我借助各方力量陆陆续续地做了许多幼儿园和小学的哲学活动。一开始，我的确是把儿童哲学仅仅视为一种课程，这样的理解是非常自然的，正如儿童哲学教育的发起者、美国哥伦比亚大学逻辑学教授马修·李普曼（Matthew Lipman）首先是将儿童哲学定位为一项提高学生逻辑思维能力的教育改革运动，以课程的方式推动哲学教育走向基础教育的田野。

很多年里，我也跟李普曼一样怀揣着这样的心愿，直到我来到幼儿园。我渐渐地发现，在幼儿园的语境下，儿童哲学的呈现方式可以是多种多样的，并非一定要局限于以绘本课或谈话活动为形式的课程中。在幼儿园的每个角落以及每个生活片段中，都蕴藏着哲学探究的可能性。我翻译的上一本书《你好，小哲学家！——如何与幼儿一起做哲学》已经完美地阐释了这个命题。

这样的理想固然是美好的，但幼儿教师能否在疲倦的工作状态中有精力和敏锐度来捕捉幼儿的精彩观念，促进幼儿之间的互相倾听与表达，以使得儿童哲学能够在幼儿园的一日生活中得到全面的渗透，这样的心愿恐怕与现实还存在相当大的距离。基于这样的担忧，我决定把这本德语世界的儿童哲学实操小册子带给广大幼教同人，希望幼儿教师通过学习和实践高结构化的儿童哲学活动方案来恢复和提高对于幼儿思维的敏感度以及对于生活本身的好奇心。

我关心的第二个问题是：面对日益“内卷化”的幼儿园教育，幼儿园的日程已经不堪重负了，儿童哲学为什么不是可有可无的，儿童哲学与幼儿园教育的适切性到底在哪里？

我国现行的《幼儿园教育指导纲要（试行）》其实已经给出了答案：“幼儿园的教育内容是全面的、启蒙性的。”儿童哲学在幼儿园的使命正好呼应了“全面”与“启蒙”这两个问题。

就前者而言，儿童如何在一个意义匮乏的年代发展他们对于生活意义的理解，幼儿教师如何在教育中从意义单一走向意义多元？我以本书中的内容来举例。比如，我们讨论“幸福需要什么”的问题，这个问题是没有标准答案的，它不像“1+1等于几”“非洲有多大”那样有唯一的答案，是非常主观和依据情境的。但很遗憾的是，我曾经在一次活动中听到这样的回答：“对不起，羊羊老师，老师没有教过我幸福需要什么，所以我不知道。”我相信，“全面”的意思绝对不是知识系统性意义上的全面，而是意义的多元与开放。讨论幸福的话题与讨论任何其他话题一样，它不在于给幼儿一种完美的解释范式，而在于重新给予幼儿发展多元意义的自由。本书为教师准备的问题都不是收敛性的，而是发散性的。当孩子们把幸福时刻的照片挂在哲学教室的绳子上时，他们会看到幸福不是“1+1 等于几”的问题，而是不同的人如何给予幸福不同定义的问题。

就后者而言，幼儿园教育的“启蒙”是一种“适度的启蒙”。它之所以是适度的，是因为：其一，我们没有办法像告诉孩子“水分子是由氢原子和氧原子构成的”那样回答孩子“死了以后去了哪里”的问题。在许多问题上，我们跟孩子一样无知。其二，我们不能拿大人知道的东西来阻碍孩子思考，尤其是在我们大人尚不可能洞察宇宙真相的情况下。正如在陈鹤琴先生《活教育的教学原则》中，首当其冲的前两条原则便是：“凡是儿童自己能够做的，应当让他自己做。凡是儿童自己能够想的，应当让他自己想。”比如，当孩子提问世界上第一只鞋子是哪里来的时候，我们是直接告诉他查阅得来的信息，还是让他自己进行猜测和创想，然后再与他分享人类文明的成果？如果你能给孩子多一点时间，让他自己去编造关于人类第一只鞋子的故事，那么我们可能会得到不少惊喜。在《小哲学家的大问题——和孩子一起做哲学》中，作者伊娃老师曾说：“你不必总是知道一切，但你必须相信，对于提出的问题，即使是小孩子也能出乎我们意料地找到他们自己的合理答案。”

如果你认同我上面的想法，那么我相信你会成为这本书的朋友。倘若你从来没有接触过儿童哲学，那么这本书会用通俗易懂的语言手把手教你如何开启幼儿园的儿童哲学活动。倘若你已经在开展儿童哲学活动实践，但苦于没有好的活动方式或题材，那么本书的案例将会极大地丰富你的课堂实践，记得多运用游戏和艺术的形式来激发孩子对于不同概念的探究，充分调动他们的感官进行思考，因为感觉无疑是人类理性思维的起点。

此外，我想指出的是，高结构化的儿童哲学活动并不是作者凭空设计出来的，即便是高结构化的儿童哲学也必须从儿童的生活情境出发。本书中的所有话题都来自作者多年深入幼儿园的考察，是带领一线教师与孩子一起做哲学的经验产物，并且所有活动设计都是在实践中不断累积与修正的。但是，由于文化和国情的差异，老师们在使用时可以根据幼儿园的不同情况进行调整。要反复强调的是，在儿童哲学的路上，没有一劳永逸的方式，只有不断前行的道路。

本书之所以能够漂洋过海来到中文世界，得益于“万千教育”编辑部对儿童哲学的重视与支持，我在此表示真挚的感谢。在一个越来越均质化、大众化的年代，倡导一种闲暇的教育不免有一些逆流之感。曾经有家长问过我一个问题：“你让孩子们讨论一些没有标准答案的问题有用吗，还不如去多学几个英文单词。”如果我们的教育被迫只顾眼前的目标，而让我们的孩子没有时间去展望整个生命，那么，我相信，许多年以后，孩子会像失恋的人那样哭诉道：“你还我青春！”在一种为了适应今天的科技生活所必需的科学教育与另一种可以引导和充实人们生活的教育之间，我们必需做出平衡。就让我用五代梁时契此和尚的《插秧诗》来作结吧：

手把青秧插满田，

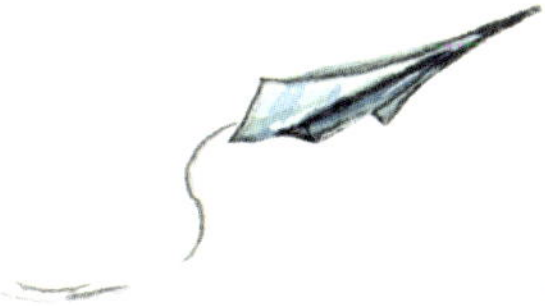

低头便见水中天。

心地清净方为道，

退步原来是向前。

本译著是我正在主持的2020年度教育部人文社会科学研究青年基金项目“师幼互动中成人与儿童思维的交织与融合研究——基于儿童哲学的视角”（项目批准号：20YJC880114）的成果之一。

是为序。

杨妍璐

2020年11月

于杭州西子湖畔

前　　言

在关于自我和世界的问题上，孩子们往往比我们大人想象的要了解得更多。当他们与世界相遇时，他们惊叹不已，不断地对生活进行发问，然后寻找问题的答案和出路。孩子们认为，成年人因为他们的经验和知识而无所不知，所以他们一定知道“彩虹桥是通往哪里的”或者“勇气存在于脑袋里的哪个地方”。然而，作为大人，我们也未必知道确切答案，这时，我们要如何处理孩子的问题呢？对于那些既可以回答“是”又可以回答“不是”的问题，还有那些允许有许多答案的问题，我们该怎么办呢？

对此，本书要向你展示的正是，我们如何在幼儿园的对话中处理这类问题。这首先关乎的不是我们要去寻找的一个正确答案，而是我们一起去寻找可能答案的过程。在相互欣赏和开放的氛围中，孩子们可以发展与表达自己的想法，倾听其他孩子的意见，检验他们自己的观点以及提出自己的建议和解决方案。孩子们在哲学对话中重塑自己的价值观。他们学会倾听他人的意见，设身处地地为他人着想，公正地对待与自己不同的观点，并为对话的顺利进行承担责任。

在本书的前三章中，我们介绍了儿童哲学的基本方法：哲学探究到底是怎么回事？哲学探究将促进孩子哪方面的技能或能力的发展？怎样识别一个哲学问题？如何将哲学探究融入到幼儿园的一日生活中？

第四章包含了 7 个用于幼儿园儿童哲学活动的话题，它们都是孩子们在平日里经常碰到且常常能引发争议的话题。每个话题配有思维导图、简要的背景信息介绍、哲学概念的梳理以及可以讨论的问题，旨在帮助教师在组织儿童哲学活动前做好充足的准备。关于具体如何实施活动，我们也为你提供了许多开场环节的建议、适合抛出的问题、创意十足且有趣的刺激物以及思维游戏，孩子们借此能够用更多的方式来表达自己的思想和言语。为你准备的“进一步讨论的问题”可以帮助你推进对话或更为深度地引导孩子思考。在问题后面的括号内注明的是哲学思考的技巧，以及孩子们在进行仔细的哲学思考时应该做什么，例如，论证他们的观点，举例说明，区分本质与非本质，做出判断等。我们在此呈现的主题，是在实践中尝试过的，它们确实激发了孩子们产生新的精彩观念。你当然也可以根据自己所在园区的资源和条件来补充或更改实施方案。

哲学探究是一个过程。孩子们将慢慢地习得规则、礼仪和角色，熟悉并内化何谓哲学探究。没有任何成功的秘诀可以保证对话的成功。因为每个团体都有自己的方式，而且我们也无法预料哲学对话具体会如何展开，对此我们无须过于担忧。正如雅努什·科扎克（Janusz Korczak）[1] 所言：“爱孩子意味着通过他的眼睛看世界。”这正是我们带着孩子一起进行哲学探究时所发生的事情。

哲学探究意味着寻求关乎每个人问题的答案，并使人们对那些不再受任何话语质疑的价值观和规范进行反思。与他人的交流促进了我们语言的发展以及对新知识和新经验的整合能力。

隶属于德国巴伐利亚州经济教育协会的儿童哲学研究院

[1] 雅努什·科扎克（Janusz Korczak，1878—1942），波兰著名教育家，为儿童权利的斗争付出了毕生的精力。——译者注

（Akademie Kinder philosophieren）是沟通教育实践与科学研究之间的纽带。它为不同的师资队伍提供继续教育的平台，推动哲学教育在幼儿园与小学的落地，并始终将哲学探究视为学校教育和家庭教育的重要组成部分。它开展的“哲学对话引导”培训将带领一线教师进入教学现场进行学习与实践。此外，它还开展各种丰富的哲学主题日活动，详情可登录“儿童哲学研究院”网站查询。

这本书是与四位老师合作创作的，她们都曾在儿童哲学研究院举办的培训中完成了继续教育。在此，我想对她们在合作过程中所付出的努力、对哲学思考的热情以及对我的智性启发表示感谢，她们是赛宾·艾格纳（Sabine Aigner）、玛吉特·纳普（Margit Knapp）、马伦·利诺（Maren Lienau）和拉斐拉·茨威斯勒（Raphaela Zwießler）。我还要感谢我的同事黛安娜·希克（Diana Schick）、埃维·威特－克鲁泽（Evi Witt-Kruse）和克里斯托夫·鲁德（Christophe Rude），他们以各种方式支持我完成了本书。

目　　录

第一章

什么是做哲学？

人们如何做哲学？

什么是哲学问题？我们如何处理这些问题？

孩子们的哲学问题

对话促进者的角色

如何追问孩子们的想法？

我必须懂哲学才能和幼儿一起做哲学吗？

来自幼儿园的一个例子

“什么是朋友？”“什么时候人可以说谎？”这类问题没有终极答案，人们也根本无法查到放之四海而皆准的答案。哲学探究意味着认真对待关于这些问题的思考，给予孩子与他人一同寻求答案的可能性。

无论是对于孩子还是对于陪伴孩子的大人，探究的结果并非早已有之。因此，在进行哲学思考时，一切思考与言说都是必要的，但这并不意味着所思所言的一切都是正确的。不过，这种“正确”的标准并不来自教师，而是取决于对话的过程和其他孩子的意见。鉴于对话的结果是开放的，不同的观点在探究结束时将得以共存，因为每次对话只是迈向真理的一个阶段。

在生活的许多领域中都会出现哲学问题，不仅仅是当孩子们提出存在主义的问题时，在这些问题上，我们一时半会毫无头绪。哲学话题和哲学问题同样隐藏在幼儿日常生活的方方面面（例如，自然科学的话题）以及与他人的交往（例如，友谊、嫉妒或是争吵）中。当我们的生活陷入危机，例如，生病或面临死亡威胁的时刻，或者在我们做出重要抉择的时刻，我们经常会提出关于意义的发问（什么对我来说是重要的？这对我意味着什么？），这些问题从本质上说都是哲学的。

人们如何做哲学?

当孩子进行哲学探究时，他们不仅在谈论一个话题，还在努力寻找哲学问题的某个答案。他们的思考是有逻辑的，且富有创造性，他们总会质疑那些先前对他们而言理所当然的事情。哲学探究还意味着一起澄清概念，发展自己的观点并为其辩护。为此，重要的是，在我们试图理解他人、反问他人、不明白他人想法的时候，真正且积极地倾听他人的声音。

孩子们的大问题不只有一个答案

哲学并不是要说服别人接受自己的观点，而是要共同地逐步走向真理，或者至少达成相互之间的理解。孩子最喜欢哲学探究的地方在于，他们可以一起反思。答案是尚不确定的，如果其他人的答案不能说服他们，他们可以坚持自己的观点。

什么是哲学问题？我们如何处理这些问题？

简而言之，哲学问题是在《老鼠的节目》[1] 中不会回答的问题（我的灵魂在哪里？幸福是什么？）。一方面，这意味着每个人都必须独自或是通过与他人交流来处理这些问题；另一方面，这些问题有几个或多个可以想到的答案，其对错取决于每个人的生活境遇和个人信念。

此外，哲学问题的提出方式总会触及事物的意义或本质（生活的意义是什么？什么是无限？）。可以这么说，哲学问题往往与“大全”相关。

处理此类问题时，最重要的不是首先给出答案，而是反

---

[1]《老鼠的节目》（“Die Sendung mit der Maus”）是在德国广播电视联合会（ARD）一台播出的少儿节目。该节目的特点是搞笑加科普，每次的节目一般由一段动画片加一段科普内容构成，比如，介绍某个日用物件的加工生产由来等。节目的主角是一只棕色大耳朵的老鼠，所以叫“老鼠的节目”。——译者注

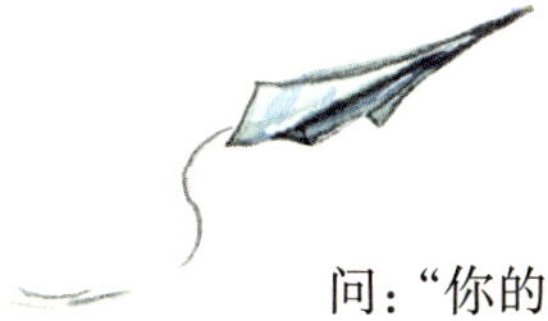

问：“你的意思是什么？”或“你觉得这是怎么回事？”然后将孩子们的反馈引入对话中，进一步激发他们思考。

孩子们的哲学问题

- 在世界的开端之前是什么？
- 为什么总是大人来决定一切？
- 无限有多少？
- 勇气在哪里？
- 天使属于上帝吗？
- 动物死了之后是不是变成天使了？
- 亡灵有脸吗？
- 我只能来世界上一次吗？
- 时间去哪里了？
- 愤怒从何而来？
- 天空的尽头在哪里？
- 一棵树会难过吗？
- 东西破了会感到疼吗？
- 我可以和我的朋友吵架吗？
- 人们能看到时间吗？

- “现在”是什么时候？
- 为什么人们不知道灵魂？
- 谁创造了上帝？

与孩子一起做哲学意味着敞开心扉与集中注意倾听

对话促进者的角色

教师在对话过程中扮演促进者的角色，并需要在哲学探究过程中逐渐调整自己的角色。对话促进者一开始的工作是规定框架，与孩子们一起制定对话规则（例如，使用发言球等），并将其带入哲学思考中。对话促进者通常会在导入环节为孩子们提供一些刺激物和激发他们思考的问题。

在对话过程中，对话促进者要确保孩子们遵守约定的规则。他们要总结孩子们的想法，并提出进一步的问题，通过反问激发孩子们区分和澄清不同的观点。促进者要以欣赏他人的态度为孩子们树立重要的榜样。他们要集中十二万分的注意力来认真倾听孩子们的观点，表现出兴趣盎然的姿态，弄清楚孩子们真实的意思，才能在每个孩子的观点之间建立联系。他们实际上并不参与内容的讨论。应当避免进行评价（无论是正面的还是负面的）、教训和谴责。

一段时间之后，孩子们变得越来越愿意互相倾诉，主动承担起倾听的责任，彼此意识到了遵守规则的重要性，彼此之间的联系更为紧密，能够独立地向对方提出问题。因此，随着时间的推移，促进者的工作可以越来越谨慎地进行。在成熟的探究团体中，导入环节的问题不再由促进者规定，而是由孩子们自己提出。例如，将这些问题收集并展示在海报上，然后他们开始逐步讨论。

在哲学问题尚不存在的情况下，如果需要一个主题，那么我们应当借助适合的刺激物来从探究团体中寻找问题。为此，我们可以首先收集由刺激物引发的各种问题。然后，大家一起决定在之后的对话中要讨论哪个问题。在此阶段，促进者的主要任务是支持并跟随团体成员发现他们的兴趣点。

在陪伴孩子们经历过一段时间的哲学探究以后，教师或许可以从对话促进者转变为与孩子们平等对话的伙伴，进入参与讨论内容的阶段。当然，这在幼儿园里实现起来并不是那么容易的。

在哲学探究中，我们将通过他人更深入地理解自己

如何追问孩子们的想法?

在引导孩子进行哲学探究的过程中，重要的是不要将他们推向某个特定的方向，而要通过提出激发他们进一步思考的问题来支持他们的想法。可以通过以下的方式来实现，例如，询问原因（“为什么会这样？”）、举例子（“是否有例外？”）、建立不同主张之间的联系（“这两件事有什么关系？”）、指出相反的立场（“每个人都同意吗？”）等。

如果孩子们的意见过于统一，你可以鼓励不同的声音或者自己提出相反的观点来“挑衅”他们。重要的是，你提出的问题必须是开放的（尽量少问是或否的问题），千万不要去猜测孩子们会怎么回答，也不要期待听到你想要的答案。

我必须懂哲学才能和幼儿一起做哲学吗？

与幼儿一起做哲学最重要的前提是，幼儿本身对于某些问题是感兴趣的，并且你也有给予幼儿自由思考空间的决心。

为了能够在哲学探究中给予幼儿适当的刺激物，并由此展开有意义的追问，对话促进者应该在哲学活动之前深入研究每一个哲学主题相对应的话题。这意味着，例如，我们要考虑孩子们可能会想到的问题，以及与之相联系的主题。随着时间的推移，在哲学上，你对于孩子们的思考与表达就会变得越来越敏感，更为重要的是，你将学会如何追问。

对于对话的引导工作来说，你自身对于主题的了解程度以及哲学上的敏感性都是至关重要的，甚至你还可以提前准备一下哲学家关于这些主题都有过怎样的想法。当然，这也是存在风险的，因为如果你接受了哲学家的观点，你可能希望孩子们在对话中也能有这样的想法。然而，孩子们想表达的意思可能是不一样的。因此，最重要的是，你自己对该主题提前进行思考。

来自幼儿园的一个例子

以下摘录的这段对话来自幼儿园中关于友谊的哲学讨论。在导入环节，我们会用到赫姆·海恩（Helme Heine）的图画书《好朋友》（*Freunde*）。故事的结尾是："……因为，真正的朋友总是会出现在彼此的梦中。"教师在导入环节的提问中希望探究这些想法。

教师：谁是你真正的朋友？

埃米尔：一个和我一起玩的人！

（孩子们说他们朋友的名字。）

教师：安雅，为什么利奥是你的朋友？

安雅：因为利奥搭乐高搭得特别好！

弗兰兹斯卡：因为我和金一起过夜过！

教师：你的意思是，利奥是你的朋友，因为他乐高搭得特别好！芬娅搭乐高也很不错。那她也是你的朋友吗？

安雅：不，利奥是我的朋友！

教师：为什么偏偏他是你的朋友？是什么让你的朋友显得和其他人不一样呢？

弗兰兹斯卡：因为我们在一起会有很多好主意，所以我非常喜欢他！

教师：你们其他小朋友呢？为什么你的朋友是你的朋友呢？

莉萨：埃米莉是我的朋友，因为她的头发很漂亮。

利奥：我的朋友是塔莫，因为他可以经常和我胡说八道。

弗兰兹斯卡：因为我们年龄相同，一起上学。

金：我总是和凯茜一起在娃娃区玩，所以她是我的朋友。

教师：如果我理解得没错，大家的意思是，朋友是一些拥有特别东西或特别擅长某件事情的人！现在，我很感兴趣的是，你们自己作为别人的朋友，有什么特别好的地方吗？

金：我很会安慰人！

安雅：我可以帮他穿拖鞋。

弗兰兹斯卡：我把我的玩具借给了我的朋友。

金：我可以为我的朋友画最漂亮的马。

教师：你可以为幼儿园里的每个小朋友画一匹马。那么，每个小朋友都是你的朋友吗？

金：不，如果我愿意为他这么做，不是必须要这么做，他才是我的朋友！

安雅：如果他也为我画一匹马的话，他就是我的朋友！

教师：对于你们所有人来说，朋友是你们喜欢和他们一起玩、年龄和你们相同、你们觉得很漂亮、很愿意跟他们聊天、你们很喜欢、特别有趣、有点特长，并且能为你们做些事情的人。我这么说对吗？

莉萨：是的，但我的朋友是伦诺克斯，他比我小得多，还不能说话。我是他的朋友，因为我可以帮助他，我发现他很可爱。

教师：那么，你可以和比你小的人成为朋友吗？如果你希望有一个朋友，他会是怎样的？

利奥：我的朋友应该是很强壮的。

安雅：他应该一直和我一起玩。

金：我希望有一个总是在午餐时坐在我旁边的朋友。

弗兰兹斯卡：当我难过时，他应该总是帮助我。

教师：你们发现了朋友是怎样的以及应该是怎样的！如果要成为你们的朋友，他必须要能做这么多事情吗？

利奥：是的，有时我告诉我的朋友一个秘密。如果他是我的朋友，他就不可以把秘密告诉其他任何人，否则他就是一个坏人！

教师：这是否意味着如果一个朋友泄露了你的秘密，那么他将不再是你的朋友？还是说朋友有时也可以是令人讨厌的？

安雅：有时候，但后来我们又和好了。

金：弗兰兹斯卡不再是我的朋友，因为你没有让我和你一起玩！

弗兰兹斯卡：但是你应该成为我的朋友！你今天想和我一起玩吗？

金：想！

教师：一个人可以既是你的朋友，又不是你的朋友吗？和你吵架的朋友还是你的朋友吗？争吵和友谊总是一起的吗？

莉萨：我完全不想和我的朋友吵架。

利奥：我们经常吵架，但我们仍然是朋友。因为我总是会道歉。

安雅：我可以和我的朋友吵架，因为我知道我们仍然彼此喜欢。

教师：所以每个人都和他的朋友吵过架吗？

利奥：是的，我们经常吵架。有一次我们俩都哭了！

教师：所以，有时候朋友也会让你伤心吗？我们真的需要朋友吗？

利奥：是的，因为如果我的朋友不在幼儿园里，我会觉得很无聊。

金：因为否则没有人可以和我说话了，没有人会对我胡说八道了。

安雅：是的，否则我就一个人了！

教师：你难道不能再找个新朋友吗？

金：不，这不行，因为没有人能像我的朋友一样玩得那么好。

利奥：可以，当我看到我喜欢的人时，我就问他们的名字，然后他们就成为了我的朋友。

教师：你的意思是，你知道他们名字的那些人，都是你的朋友？

利奥：不，只有那些我喜欢的！

教师：我们一开始的哲学问题是："谁是你真正的朋友？"我注意到，对你们来说，重要的是，朋友要善于做某事，你们喜欢和他们在一起，喜欢和他们一起玩，我们可以把秘密告诉他们，有时你也可能会和他们吵架。你们对这个话题还有其他疑问吗？

……

第二章

提问者是赢家

做哲学对孩子们有什么好处？

做哲学对教育工作者有什么帮助？

来自实践的声音

做哲学对孩子们有什么好处?

做哲学给孩子们带来了欢乐。这可能是因为诠释生活中的“大”问题是一种基本需求，尤其是当他们刚开始会说话，能够通过提问来发现和了解他们的世界时。孩子们在做哲学中享受自由表达以及思想实验带来的乐趣。答案不是预先确定的，我们成年人必须一次又一次地寻找新的答案。做哲学开拓了我们的视野，激发我们的创造力（例如，发展不同的问题解决策略），并在这个日趋混乱的世界中为我们指明方向，帮助我们做出理性决策。

通过与他人就各种各样的事情交换想法，阐明、论证和质疑自己的观点，孩子们认识到了那些对他们来说重要和有价值的事物，以及事物背后的原因。孩子们通过这种方式更好地了解自己和他人。他们学习其他人对某些问题的看法。面对偏见，孩子们发现，他们可以制造偏见，也可以让偏见消失得无影无踪。

固定的"哲学时光"可以作为孩子们重要的常规活动

此外，哲学的对话文化提高了孩子们的倾听意愿，发展了同理心，培养了观点转变能力，从而促进了他们社会性的发展。

在做哲学的过程中，孩子们学习如何自我表达并找到了自己的语言。他们觉得自己是重要的而且是被欣赏的，因为他们可以自由表达自己的想法，然而，这些想法又会被他人接受。每个成员对探究团体的进程都负有责任，可以平等地参与其中，并在应讨论的主题和问题上有发言权。做哲学在此被视为一种文化工程和教育原则，使民主成为一种切实可行的生活方式。总而言之，我们可以说，做哲学能够支持孩子发展他们的个性。

做哲学不仅在于言说，更在于倾听

做哲学对教育工作者有什么帮助？

从原则上说，做哲学对于教育工作者和孩子们来说是一样的。对于大人来说，做哲学同样是一个挑战，同时又是一种充实：我有机会通过追问一些基本的生活问题，来澄清自己的价值观，使我意识到生活中的某些问题并提高自己的反思能力，这给了作为教育者自身的我一次继续受教育的机会。

此外，我可以从一个全新的视角来认识孩子。他们的某些观点是出乎意料的。有时他们会让我看到我对孩子们的评价是正确的，有时则不得不令我做出改变。他们的问题和想法通常会丰富我对世界的认识，这意味着我会更加信任他们，会更相信他们具有的无限潜能，正如他们自己也相信的那样。

由于做哲学过程中涉及的许多问题与幼儿园活动中的主题往往不谋而合，因此，做哲学不一定是需要额外进行的事情，而是可以把做哲学融入到某些主题活动的探究中。在做哲学的过程中，语言的发展、价值的塑造、民主的教育以及社会情感能力的培养是一同实现的。

这就是我们通过做哲学获得的自由空间：通过赢得时间获得外部自由；又因为我不再是一个总是必须给予标准答案和知道一切的人，我赢得了内部自由。最后，它也吸引了幼儿园同事以及家长的注意，在看到做哲学的效果之后，他们最初的疑惑通常很快就变成了对做哲学的热情。

来自实践的声音

“我不再试图让讨论为所准备好的主题服务，而是对孩子们的想法始终保持好奇。”

“通过做哲学，我对孩子问题的处理方式发生了变化，变得更为谨慎了。”

“通过哲学对话，我发现了孩子们不为人知的一面。”

“做哲学为我个人打开了一扇门。做哲学是令人兴奋的，在许多问题上，我发现了新的答案。做哲学正以积极的方式在改变我的世界观。”

“我可以更好地接受不同的意见了。”

“我愿意提出更多的问题了。”

……

第三章

幼儿园里的哲学探究

我如何准备一次哲学对话？

我如何制订合适的计划？

我如何准备一次哲学对话?

孩子的人数与年龄

关于小组规模和人员结构，没有固定的指导原则。范围可以从三四个孩子为一组到由25个孩子组成的幼儿园的整个班级组。活动场地的情况和条件将决定孩子的数量。实践证明，大约有10个孩子的小组是最佳的。在这样的团体容量中，所有孩子都有机会发表自己的意见，而不至让某些孩子等得不耐烦。同时，有足够的时间来保持对话的进行。

以哲学花环作为标志

就儿童的年龄而言，4岁以上的儿童往往能在活动中获得更好的体验。但这并不意味着我们应该排除年幼的孩子，尤其是当他们表现出对哲学探究的强烈兴趣时。对于3岁的儿童，重点更多是放在仪式上，促进他们领会共同交谈的规则。他们通常较少参与对话，注意力难以集中很长时间。

由学龄前儿童和几个 4 岁孩子组成的混龄小组同样表现得非常出色。这样，在大一点的孩子升入小学后，年龄小一点的孩子就成为了哲学小组的中流砥柱。他们在新学期开学时就不用重新学习规则，因为他们已经是有经验的小哲学家。

导入环节

作为开场仪式，我们会提前设定好一条进入谈话圈的路

哲学总是关乎那些打动孩子以及引发他们兴趣的问题的，这些问题产生于孩子的经历、体验与生活的世界中。这样的问题可能会自发地出现，例如，当一个孩子在花园里荡秋千时，他问道:“云的后面是什么？”现实的情况也会激发孩子提出类似的问题，例如，当一个孩子有了一个妹妹时，他提问道:“我还未出生时在哪里？”

如果你想就孩子的问题展开哲学探究活动，但由于问题在课堂上并不是自发产生的，而是在一个准备好的主题中呈现的，那么，你就必须找到适合此问题的导入方式。我们可以用一本图画书、一个故事，也可以用游戏、电影或放在地板上的图片导入。你的想象力无须在此受到限制。但是，很重要的一点是，导入环节的刺激物必须真正吸引孩子们，让他们着迷并能够打开他们的话匣子，但切记不要占用太多时间，以至孩子们的注意力仅仅集中在导入环节的刺激物上。因为它只是用来唤醒孩子们谈话兴趣的，所以，对于孩子们在此提出的问题，我们暂时还不需要进行回答。

有时，小哲学家们也会不知所措，但这不会持续很久

主题

原则上，我们可以对任何使孩子们感兴趣的哲学话题进行哲学探究。不过，主题对于孩子们来说越现实越好。

“我是谁?”“什么东西属于我?”“我为什么在世界上?”关于灵魂，关于思想或诸如恐惧、喜悦、悲伤、愤怒之类的情感问题，即围绕同一性主题的许多问题往往很受欢迎。关于疾病和死亡的问题也应在此提及，另一个复杂的话题涉及与他人的关系：友谊和爱，另类和差异，争吵和规则，以及正义和诚实等问题。

当然，幼儿园的孩子也对这个世界、宇宙、天空、地球及其起源的现象特别感兴趣：“谁创造了地球？”“谁是上帝？”“上帝住在云上吗？”“地球诞生时人在哪里？”此外，诸如时间或虚无等抽象主题也会打动幼儿园的孩子。“什么是有价值的？”这一问题往往能打开孩子思考的画卷，因为它会涉及许多问题，例如，需求、愿望、运气或财富等。

一些孩子提出的问题还有可能超出日常的主题范围：诸如“当彩虹的感觉会如何？”“圣诞节之后圣诞老人会做什么？”或“为什么一匹马被称为‘马’？”之类的问题经常引发最为美妙和激烈的对话。与小学生、青少年或成年人交谈相比，这种特殊的发问方式使得与幼儿一起做哲学变得与众不同。

时间框架

由于我们无法事先预料一场哲学对话实际上能持续多长时间，因此我们建议你制订大致的计划。持续时间取决于孩子们的兴趣以及他们的日常时间安排。孩子们可能很快就能达成一致意见，没有进一步讨论的必要，或者他们的注意力明显下降。那么，哲学活动应该尽早地结束。

另一种情况是，讨论一个小时也几乎难以处理完一个完整的主题。但是，孩子们的注意力已经无法再多花时间在这上面了。如果仍然需要讨论，则可以在下一次活动的时候再次讨论和深化该主题。

理想情况下，为了持续地看到儿童哲学活动的效果，哲学探究应当在幼儿园一日活动中扮演永久性的角色。方式和地点完全取决于各自园区的具体条件。晨间的谈话圈是一种可能性，以小组为单位是另一种可能性。这些可以是必修的（例如，对于所有学龄前儿童），也可以是有兴趣的孩子自愿参加的。它可以是小组活动、区角活动或混龄活动。除此之外，哲学探究也可以整合到幼儿园的各类项目活动或主题活动中。

主题准备

哲学探究无法在这种意义上做好准备，即我们有一个在内容上需要追求的学习目标，并在对话结束时给出确定的答案。哲学对话既不能计划，也不能预见。为了主持一场哲学对话，你需要对该主题的相关内容有一定的把握。但是，并不需要为此寻求或研究伟大哲学家对此主题的看法。了解哲学概念毫无疑问会使哲学对话的准备变得更为容易。例如，如果提到“友谊”一词，那么我们首先可以收集一切有关该词的内涵和外延：“什么是朋友？”“有不同类型的友谊吗？”“友谊什么时候会结束？”……通过收集和整理自己的想法，你可以了解该概念背后承载的意义。对话发展的可能方向也将在此变得可见。这种准备方式使对话促进者可以聚焦于概念的澄清工作，获得对于该主题的概览并提出可能的问题。一旦对话陷入僵局，教师需要参与其中，重新将对话引到正轨上。

艺术品“室内喷泉”象征着思想的“流溢”

我如何制订合适的计划？

仪式在哲学探究中的重要性是不可忽视的。仪式使得整个哲学活动的起点和终点清晰可辨。仪式为整个过程圈定了框架，为参与者提供了安全感，使他们能够专注于本质问题，并通过对话沉浸在特殊的氛围中。仪式使哲学活动的导入环节、对话规则以及结尾部分变得更容易，会给参与者一种感觉，即总存在一些特别的东西要分享给他们，从而让他们找到自己的归属感。

空间

哲学需要安静的环境，以便孩子们能够发展和交流思想，而不会分心或被打扰。这就是为什么哲学探究应该在安静、舒适、让人感觉良好的地方进行，我们可以借助明亮的颜色、枕头和合适的配件来打造哲学教室。

蜡烛、问题盒子和发言球

使用道具

哲学讨论可以在由椅子或坐垫围成的圆圈中进行，以便每个参与者可以互相看到对方。在谈话圈的中间可以放一些道具，它们是哲学探究的象征物。例如，将艺术品“室内喷泉”

作为思想“流溢”的标志，将蜡烛作为“光”（知识）的标志，或者可以使用问题盒子，我们可以从问题盒子里面抽出一些哲学问题。

开场与结尾仪式

仪式，例如，在活动开头演唱的哲学之歌、某种呼吸或冥想练习或进入哲学王国的幻想之旅，这些都可以向所有参与者表明哲学时间的开始。活动结束时，也要有明确的表示，例如，通过声音信号（锣或唱歌碗）、圆形手电筒或集体的道别等。

延伸活动

作为一种全身心体验的哲学探究活动，应当通过各种方式给予儿童表达思想和语言的多种可能性，比如，可以通过兼具艺术性和创造性的活动（绘画、手工艺品、音乐创作、跳舞等），也可以通过情景表演的方式。特别是对于参与度较低的孩子而言，延伸活动为他们提供了一个让他们继续思考和表达的机会，以便展现他们在之前对话中的未尽之意。

第四章

活动设计与案例

自我

幸福

时间

死亡

友谊

勇敢

梦

自　我

我们需要花费一生的时间去寻找“我是谁”这一问题的答案。只有当我知道我是谁的时候，我才能与他者相遇，才能把自己显露给世界。孩子们每天都从周围的环境中获得新的经验，他们建立又破坏事物之间的关系，他们做出决定，并学会提出与他人不同的主张。因此，他们需要将自己与世界划定界限，以此找寻自我的同一性。

自 我

神经生物学家没有将自我说成是一个固定的实体，而是将我们的自我意识描述为一系列不同的意识状态。一方面，这些与我们的身体相关：我感到自己的身体，我觉知自己在某个地方，我把自身视为感知世界的中心。另一方面，它们与心理活动相关：正是我拥有这些感觉、看法和观念，我是行为的承担者，我就是昨天的我。我有“自我”这一感觉和“自我”这一观念，（一般情况下）我构造完整的自我。但是，由于我们的自我意识始终与环境不断交换内容，并在知觉和情绪的相互作用下深受影响，因此，它本身表现为一种多层次的、复杂的现象。一方面，它是被决定的；另一方面，它也可以被反思与被改变。

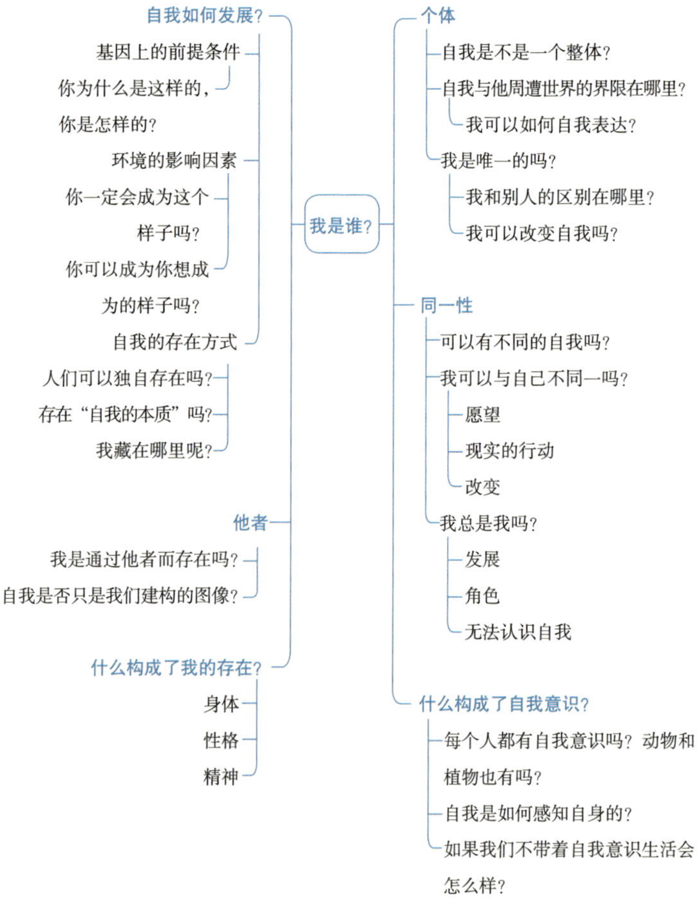
我是谁？
自我如何发展？
基因上的前提条件
你为什么是这样的，
你是怎样的？
环境的影响因素
你一定会成为这个
样子吗？
你可以成为你想成
为的样子吗？
自我的存在方式
人们可以独自存在吗？
存在“自我的本质”吗？
我藏在哪里呢？
他者
我是通过他者而存在吗？
自我是否只是我们建构的图像？
什么构成了我的存在？
身体
性格
精神
个体
自我是不是一个整体？
自我与他周遭世界的界限在哪里？
我可以如何自我表达？
我是唯一的吗？
我和别人的区别在哪里？
我可以改变自我吗？
同一性
可以有不同的自我吗？
我可以与自己不同一吗？
愿望
现实的行动
改变
我总是我吗？
发展
角色
无法认识自我
什么构成了自我意识？
每个人都有自我意识吗？动物和
植物也有吗？
自我是如何感知自身的？
如果我们不带着自我意识生活会
怎么样？

我有什么?

“存在一个内在的我和一个外在的我。

——保尔，5 岁”

适宜年龄

3—6 岁儿童

空间要求

适合小组讨论、沉思的哲学教室或活动室

准备材料

- 纸，纸板，笔
- 旧墙纸
- 镜子

导入环节：镜子游戏

请孩子们坐在谈话圈中。镜子从一个孩子手里传递到另一个孩子手里。孩子们描述他们在镜子里看到的东西。对话引导者总结孩子们的陈述，并可以根据以下问题开展随后的哲学讨论：

- “你有什么？”

  （收集特点 / 特征）
- “我在哪里？”“你为什么认为你在那里？”

  （询问感受 / 解释）
- “我看起来怎么样？”

  （收集特征）

- “你每天都一样吗？”

  （追问看似确定的知识）
- “你和另一个人之间有什么区别吗？”

  （提出差异、相似性和个人想法之类的问题）

创意活动：这是我

每个孩子都可以在对话中将自己的发现画在身体轮廓上。

可以将预先准备好的按比例缩小的轮廓分发给孩子们，或者让孩子们自己画出真实的身体轮廓。可以让每个孩子躺在一张大纸上（例如，一卷墙纸上），然后由教师画出孩子的身体轮廓。在这个轮廓中，孩子们可以把属于自己的所有东西都画上，并且标记出自我所在的位置。

画有身体轮廓的作品可以在哲学教室展出。这样，下一次活动时，每个人都可以看到它们，可以一次又一次地利用它们，以加深孩子们不同或相似的想法。这样做也可以让孩子们有机会补充身体轮廓中的要素，或者在他们获得新的认知后删掉之前的想法。

不同的身体轮廓表达了每个孩子的独特性。独特性的问题可以在关于自我主题的另一个哲学活动中深化。教师也可以将这些身体轮廓作为进入讨论主题的视觉刺激物：

- 如果现在我们互相看一下大家的身体轮廓，你会看到许多不同的“我”。那么，是什么构成了“我”？你的“我”与其他的“我”有什么区别呢？

另一种可能性是借助图画书来解决“什么让我与众不同？”这个问题。

世界上只有一个我吗？

“我可以是另外的人，为什么我是现在的我？

——蕾娜，6 岁”

适宜年龄

3—6 岁儿童

空间要求

适合小组讨论、沉思的哲学教室或活动室

准备材料

- 剪刀，笔
- 自然材料
- 玻璃珠，轻黏土
- 乐高积木，木块
- 放有镜子的藏宝箱

图画书

米拉·洛贝（Mira Lobe），苏西·魏格尔（Susi Weigel），《我想知道我是谁》（*Das kleine Ich bin ich*）

大卫·麦基（David McKee），《花格子大象艾玛》（*Elmar*）

导入环节：图画书

在导入与自我相关的主题时，我们需要提及两本图画书，实践表明，它们特别实用。

大卫·麦基的图画书《花格子大象艾玛》讲述的故事围绕差异与独特的话题展开，探讨为什么接受特别的自己总是那么困难。花格子大象艾玛只想要看起来像其他大象一样——是灰色的。艾玛有一个主意，但后来他意识到，为了不失去自我，我们可以有所不同。在看图画书时，我们可以思考以下问题：

- “你为什么有时想和其他人一样？这是可能的吗？”

  （思想实验）
- “为什么当人们有一点不一样的时候，他们就会遇到困难？”

  （追问原因）

- “是什么让你与众不同？”

  （收集特征）

- “你与其他孩子有什么共同点，你们之间有什么区别？”

  （讨论共同点 / 不同点）

米拉·洛贝和苏西·魏格尔的图画书《我想知道我是谁》以非常犀利的方式告诉我们，找到自己并不总是那么容易。故事的主角是一只彩色的小动物，它过着快乐而满足的生活，直到突然出现的一个问题：“你是谁？”在寻找答案的路上，他经历了拒绝、恶意和嘲笑，但也有帮助和仁慈。在这条道路的尽头，这只小动物发现只有自己才能给自己这个问题的答案，因为它认识到：“我就是我。我像这样子的存在仅仅只有一次，这是好的。”

故事《我想知道我是谁》邀请你与孩子们一起探讨以下问题：

- “为什么故事中的彩色小动物想知道他是谁？”

  （换个角度思考）

- “了解自己是谁重要吗？”

  （与自己建立联系）

- “你需要一个名字来知道自己是谁吗？”
  （区分本质内容与非本质内容）
- “是什么让这只小动物变得独一无二？”
  （收集特点、示例）
- “是什么让你与众不同？”
  （建立联系，讨论个人想法）

创意活动：我就是我

在图画书的内页上，有创作故事中的小动物的活动，我们可以看到一个有趣的、易于理解的手工说明书。孩子们可以创作出自己的小动物形象，比如，用自然材料、玻璃珠或轻黏土，或者用乐高积木或木块创作。

游戏活动：藏宝箱

在讨论组的中间，有一个藏宝箱。孩子们不知道的是，藏宝箱的底部有一面镜子。教师为了引发孩子们的兴趣，可以强调箱子里有非常珍贵的宝藏。每个孩子被允许打开藏宝箱看一次，但必须对藏宝箱里面的东西保密，直到所有孩子都看完为止。藏宝

箱在每个孩子之间轮流传递，每个孩子被允许打开箱子的盖子，他们会看到自己。最初，这有可能会引起一些孩子的困惑。当所有孩子都注视着藏宝箱时，对话引导者会问每个孩子发现了什么，以及每个孩子是否看到过相同的宝藏。这个刺激物提供了与孩子们一起思考以下问题的机会：

- “你为什么是一个宝藏？”
  （建立联系）
- “什么使你有价值？”
  （收集特征，询问个人想法）
- “你在世界上只存在一次吗？”
  （思想实验，建立与他人的关系）
- “你只是镜子里看到的那个人吗？”
  （询问个人想法）

小贴士

- 经历个体差异会增强感受力和同理心；孩子们学会认识和接受差异。
- 给每个孩子留下这样的感受，即无论他们是怎样的，他们都会被接纳。

我是一成不变的还是变化的?

> “自我与我一起成长。
>
> ——莫里茨，4岁”

适宜年龄

3—6岁儿童

空间要求

适合小组讨论、沉思的哲学教室或活动室

准备材料

- 孩子的照片
- 剪刀
- 晾衣绳，小树枝或树杈
- 放松音乐
- 播放器
- 毯子，枕头

导入环节：家庭相册

每个孩子都带一些自己的照片来幼儿园，这些照片是他们在婴儿时期、学步时期以及幼儿园时期拍的。

将照片固定在展板上。每个孩子向其他孩子展示他们的照片，并说出他们可以看到的内容。

然后，让孩子的目光从展板上移开，把展板放在谈话圈中央。通过导入性的问题，教师帮助孩子建立起他们与照片之间的关系：

- “当看照片时，我们看到自己曾经是婴儿、学步儿，现在是幼儿园的小朋友，你觉得自己有什么变化吗？”

  （收集特征）

- “当你的外表改变时，你的自我会改变吗？”

  （区分本质与非本质）

- “即使你长大了，你身上是否存在始终不变的东西？”

  （询问个人想法）

创意活动：关于自我的艺术装置

孩子们可以将他们的照片粘贴到树形图上，并且可以在照片旁边画上自己喜欢或者不喜欢的东西，或者关于他们自身特别之处的东西。

这个艺术装置可以放在哲学教室或活动室中，并在接下来的整个学年进行补充。

幻想之旅：寻找自我

这种与自我打交道的方式可以带来积极的身体感觉。我们可以在哲学活动开始的时候来做，也可以在结束的时候来做。

步骤

孩子们在轻柔的放松音乐中躺下，开始幻想之旅。

我们需要以缓慢且有重点的音调来说下面这段话，必须避免干扰的声音。孩子们闭上眼睛，保持放松的姿势。

舒适地躺在地板上，这样你就不必移动了。

闭上眼睛，感受一下身体与地板贴合的感觉，以及你压在地板上的重量。

专注于呼吸，关注你的呼吸方式，让你的呼吸均匀、舒适。每次呼吸，你都会变得更加安宁，放松，放松。

现在，你只专注于自己的身体。你的想法像云一样轻轻飘过，它变得安静，你只听自己身体的声音，你会变得很安静。

再一次呼吸后，你便开始进入你的体内。随着呼吸，你流淌过自己的身体。仔细环顾四周，你看到了什么？你听到了什么？你有什么感觉？

环顾四周……如果你很慢很慢地流过你的身体，也许你会看到自我的身影……你的自我在哪里？它看起来如何？它是什么颜色的？

享受发现自己的状态，享受现在可能在你体内产生的愉悦感受。尽可能记住自己的位置。

然后慢慢回来。感觉自己的身体和肌肉。拉伸你的肌肉并感受其力量。让手臂和脚向四周延伸，返回到初始状态。

准备好后，慢慢睁开眼睛。

什么时候你会隐藏自己？什么时候你真实地感受到了自己？

“我在幼儿园的节日上必须说点什么。

——路易斯，6 岁”

适宜年龄

4—6 岁儿童

空间要求

适合小组讨论、沉思的哲学教室或活动室

准备材料

- 图画书《万达的鲸鱼》
- 剪刀，胶水
- 报纸，杂志

图画书

大卫・卡里（Davide Calì），索尼雅・布佳娃（Sonja Bougaeva），《万达的鲸鱼》（*Wanda Walfisch*）

导入环节：图画书

在游泳池里，所有女孩都嘲笑万达，因为万达很胖。其他孩子取笑万达并称她为鲸鱼，因为当她从跳水板跳入游泳池时，水总是四处飞溅。但是，游泳教练向万达透露了一个技巧，可以通过隐藏自己来摆脱窘境。

图画书《万达的鲸鱼》探讨了我们对自己的想法是否会对我们有所帮助。

- “万达身上发生的事情你是否也经历过？”

  （连接经验）
- “你是怎么处理的？你是如何应对的？”

  （询问感受 / 建立与孩子的连接）
- “你什么时候不喜欢你自己？”

  （询问原因 / 举例子）
- “为什么你有时候不喜欢自己的样子？”

  （询问原因 / 举例子）
- “在哪种情况下很难成为你自己？”

  （举例子 / 询问经验）
- “你知道万达使用的这个技巧吗？”

  （建立与自己的关系）

- “你认为是什么帮助了万达？”

（换个角度思考）

- “你在哪里可以永远保持自我？”

（建立联系）

- “你在哪里从不需要隐藏自我？”

（建立联系）

创意活动：让自己安心的技巧

孩子们想出了一个技巧，可以在他们想隐藏自己或想让自己感到舒适的情况下为自己提供帮助（例如，积极的想法、勇气的创造者等）。

幸　福

通常，与情感有关的话题特别适合与孩子进行哲学讨论。通过一起讨论和思考幸福、快乐、愤怒和恐惧等概念，这些概念得以具体化并落实到儿童的日常生活中。

幸　福

对幸福的追求是人一生的梦想。通常，我们希望我们缺少的东西出乎意料地并且是无计划地从天而降。即使有时候我们拥有幸福，我们仍然必须为长久的幸福生活担负起责任。从这个意义上说，幸福是对自我存在的基本满足，而不是短暂的自我陶醉。伟大的“幸福时刻”实际上可以与陶醉的感觉相提并论。例如，吃巧克力、赢得比赛、购买新鞋，甚至是酒精，这些都会释放体内的多巴胺和血清素，使得机体感到快乐。但是，对于每种类型的兴奋剂，享受久了人体都会变得感受迟钝，因此，必须引入更多的“幸福物质”才能保持一定的“幸福水平”。如何获得长久的幸福取决于个人。虽然人与人之间对幸福的理解并不完全一样，但是，我们也有可能找到幸福生活的共同基础和基本条件。

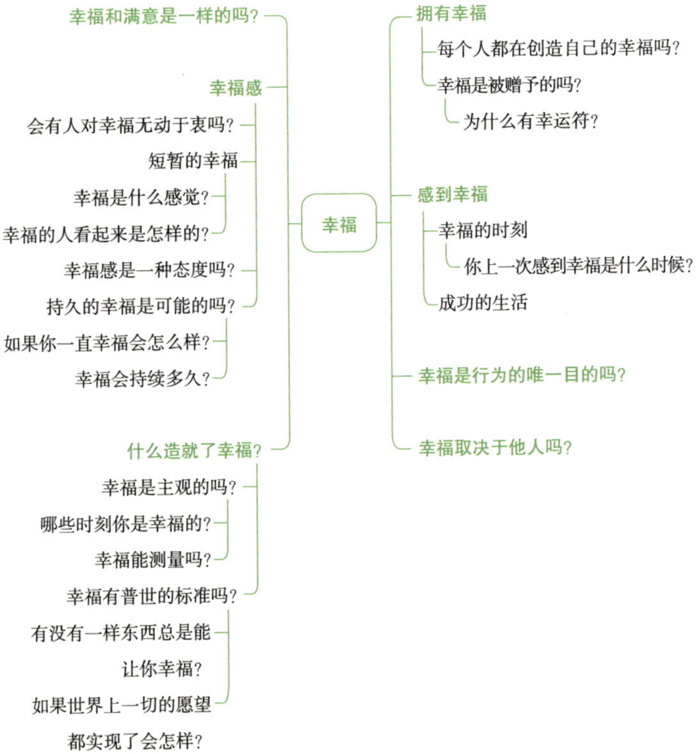
幸福
幸福和满意是一样的吗？
幸福感
会有人对幸福无动于衷吗？
短暂的幸福
幸福是什么感觉？
幸福的人看起来是怎样的？
幸福感是一种态度吗？
持久的幸福是可能的吗？
如果你一直幸福会怎么样？
幸福会持续多久？
什么造就了幸福？
幸福是主观的吗？
哪些时刻你是幸福的？
幸福能测量吗？
幸福有普世的标准吗？
有没有一样东西总是能让你幸福？
如果世界上一切的愿望都实现了会怎样？
拥有幸福
每个人都在创造自己的幸福吗？
幸福是被赠予的吗？
为什么有幸运符？
感到幸福
幸福的时刻
你上一次感到幸福是什么时候？
成功的生活
幸福是行为的唯一目的吗？
幸福取决于他人吗？

什么是幸福?

> “幸福就是人们笑的时候。
>
> ——安－玛丽，4 岁”

适宜年龄

3—6 岁儿童

空间要求

适合小组讨论、沉思的哲学教室或活动室

准备材料

- 图片，照片
- 道具
- 自然材料

图画书

弗里德里克·威廉密（Friederike Wilhelmi），安德烈娅·黑布罗克（Andrea Hebrock），《弗洛先生找幸福》（*Herr Flo sucht das Glück*）

桑德拉·卢克辛格（Sandra Luchsinger),《保罗的幸福》（*Paolos Glück*）

导入环节：什么让我们快乐

在谈话圈的中央放一些照片、图片、明信片或其他物品。孩子们选择使他们感到开心的照片、图片、明信片或其他物品。每个孩子展示他们选择的东西并说明他们选择的理由。将“快乐”这样的抽象术语具体化为“令人快乐的东西”是有意义的。在孩子们论证自己的选择之后，教师使用下列问题可以推进对话：

- “你怎么知道自己是否快乐？”

  （问问自己的感受和经历）
- “有什么东西总能让你快乐吗？”

  （把抽象的东西具体化）
- “快乐能持续多久，它是短暂的还是漫长的？”

  （询问经验，精确概念）
- “有能让每个人都开心的事情吗？ ”

  （概括，站在他人角度思考，收集标准）

行动：促进他人的幸福

在本话题的最后，每个孩子都在思考如何使另一个孩子快乐。但是，他们不仅应该坚持这个想法，而且应该在接下来的几周内去践行。这个行动将触发下一个话题中关于幸福的讨论：

- “为什么你会感到幸福？”

  （询问原因）
- “幸福在哪里？”

  （询问想法和感受）
- “幸福来自外部还是内部？”

  （区分外部世界和内部世界）
- “你能看到幸福吗？”

  （询问具体想法）
- “我们人类为什么想要幸福？”

  （追问意义）

导入环节：图画书

我们也可以利用图画书来很好地介绍幸福的话题，这里给大家展示两个例子。

在弗里德里克·威廉密的故事《弗洛先生找幸福》中，弗洛先生是一只跳蚤，他想寻找一个让他最终得以幸福的地方。他后来发现了一个地方——熊毛里面。但他想深入探讨一切问题，并找出熊毛为什么使他幸福感满满。事实证明，幸福与生活态度密切相关，而幸福具有感染力。故事可以引发以下问题：

- “人们应该在哪里寻找幸福？”

  （建立联系，收集标准）
- “是什么让熊感到幸福？”

  （收集具体事例）
- “幸福会传染吗？那意味着什么？”

  （在文本和个人经历之间建立关系）

《保罗的幸福》讲述了保罗·皮亚基诺（Paolo Piangino）的故事，他是一个非常幸福的人，因为他会哭。保罗的眼泪使人幸福。但是，后来，保罗带着他的幸福一同消失了。

- “开心与哭泣有什么关系？”

  （辨认关系，命名反义词）
- “你可以幸福地哭泣吗？”

  （询问经验和想法）

- “其他人对我们的幸福负有责任吗？”

  （询问个人观点）

行动：幸福的一周

给孩子们布置任务，收集让他们感到幸福的事情。这些可能是在幼儿园、家里，在玩耍中、大自然中或者与朋友一起等情况下发生的事情。为此，他们将收到一份“幸福周计划”，其中列出了一周的日程时间。孩子们可以把“幸福时刻”的贴纸粘贴到每周计划中。他们可以请自己的父母帮助写下情况。但是，不一定非要记住到底是什么使他们在特定的时刻感到幸福。

创意活动：幸福的艺术

让孩子们画出他们感到幸福的时光，然后把画有幸福的画陈列起来，也可以用自然材料来进行创作。

- “这种幸福时光是怎样的？”

  （收集标准和特征）

- “你如何识别幸福？”

  （问问自己的看法）

另一个任务也可以是，在对话的尾声，让孩子们扮演一个角色——一个幸福的孩子。

- “大家如何看待这个孩子的幸福？”

（要求进行精确观察，区分本质与非本质）

将幸福视为人格特征是理解幸福概念的另一种可能方式。请参阅下一节中有关“时间”的说明。

幸福从哪里来？

“外在的幸福从外面来，内在的幸福来自内部。

——马克西米利安，4岁”

适宜年龄

3—6岁儿童

空间要求

适合小组讨论、沉思的哲学教室或活动室

准备材料

- 幸运符，吉祥物
- 手工材料
- 自然材料

图画书

安缇耶·达姆（Antje Damm），《7是不是太多了？》（*Ist 7 viel?*）

导入环节：幸运符

在谈话圈的中央放上幸运符。请孩子们描述他们所看到的。教师可以通过询问孩子们是否也有幸运符来发起对话。然后，就以下问题推进对话：

- “为什么会有幸运符？”

  （询问符号的含义）
- “幸运符会带来幸福吗？”

  （询问关联）
- “我们需要他人来感到幸福吗？”

  （收集标准，区分本质与非本质）
- “你在哪里感到过幸福？”

  （询问确切的经历和感受）

创意活动：制作幸运符

孩子们为自己、对他们来说重要的人、希望给他们带去幸福的人制作幸运符。

图片观察：什么带给我们幸福

把带有幸福的人或动物的照片或图片放在谈话圈的中央。我们可以在类似安缇耶·达姆的图画书《7是不是太多了？》中找寻这样的图片，图片或照片也可以来自广告、报纸或日历。孩子们可以选择自己喜欢的图片或照片，这些图片或照片要使他们感到幸福或让他们联想到幸福。让孩子们描述并解释选择该图片或照片的原因。在这方面，深入探讨的问题可以是：

- “你为什么认为这些人或动物是幸福的？”
  （收集特征，询问原因）
- “你如何察觉到图片中的幸福？”
  （精确观察）
- “如果人们不笑，他们就不快乐吗？”
  （区分本质与非本质）

创意活动：幸福卡片

孩子们自己手工制作幸福卡片并送给他人。他们必须考虑到如何使别人幸福。（幸福卡片的模板可以在本书“附录”中找到。）

幸福需要什么？

“每个人都需要他人。穷苦的儿童需要食物和衣服，我们同样需要玩具。

——菲利普，5岁”

适宜年龄

3—6岁儿童

空间要求

适合小组讨论、沉思的哲学教室或活动室

准备材料

- 纸，笔，胶水
- 晾衣绳，衣夹
- 硬纸板，卡纸

导入环节：幸福绳

孩子们最多画出三件使他们感到幸福的事情，然后将图片展示给其他孩子。将这些图片用衣夹挂在“幸福绳”上。这样，在对话过程中，所有孩子都可以看到这些图片。哲学对话可以围绕以下问题展开：

- “你需要什么才能幸福？”

  （收集标准，询问经验）

- “所有人都需要幸福吗？”

  （从其他角度考虑）

- “为什么使每个人幸福的事情都是不一样的？”

  （询问原因）

- “当看到幸福绳上的图片时，你是否觉得存在某些东西更能让我们幸福？”

  （感知差异，主观评价，确认异同）

幸福绳可以留在哲学教室里。当孩子们遇到幸福的新情况时，他们可以调换、更改或添加新图片。孩子们还可以在幸福绳上挂上他们带来的照片。

创意活动：幸福树

我们可以把关于幸福的条件在“幸福树”上可视化，用硬纸板或卡纸做一棵幸福树，进而激发孩子们对以下问题的探讨：

- “我们应该在幸福树的根部放什么，这样幸福树就长出来了？”

  （创建关联，收集条件）

- “我们应该在幸福树主干的各个分支上放什么？”

  （收集要点）

- “人要想幸福，必须做点什么吗？”

  （护理，保护，浇水；传递图像的含义）

- “对于那些生病的孩子或处于欠发达国家的孩子，他们的幸福树看起来会有所不同吗？”

  （以可视化的方式将抽象的东西具体化）

在讨论幸福话题的尾声，孩子们还可以一起创作一棵幸福树。共同创作幸福树的过程也是对幸福进行哲学思考的过程：当孩子们在不同层次上接近幸福的概念时，幸福树就会与他们一同成长。

愿望实现后，幸福能持续多久？

“一个小时。——安雅，5 岁

一千个小时。——诺埃米，4 岁”

适宜年龄

4—6 岁儿童

空间要求

适合小组讨论、沉思的哲学教室或活动室

图画书与故事

保罗·马尔（Paul Maar），《萨姆斯与愿望机器》（*Das Sams und die Wunschmaschine*）

克里斯蒂娜·克罗嫩伯格（Christina Kronenberg），《幸运坚果》（*Die Glücksnuss*）[来自故事集《我是我，还是？》（*Ich bin ich. Oder?*）]

导入环节：故事

《萨姆斯与愿望机器》和《幸运坚果》的故事都是关于愿望的实现是否使我们感到幸福的话题：

- “你希望从愿望机器或幸运坚果中得到什么？”

  （询问个人看法）
- “愿望实现后幸福可以持续多久？”

  （询问经验和想法）
- “如果世界上所有的愿望都得到了实现，那会怎么样？”

  （思想实验）

教师可以让孩子们自由朗读故事，并在必要时根据孩子的年龄进行调整。在进行哲学讨论后，孩子们可以制作一个愿望机器或得到一颗幸运坚果。

时　　间

孩子们早就在思考时间问题了。父母经常抱怨他们时间很少或没有时间。幼儿园的一天遵循一定的时间表——所有的孩子必须在一个固定的时间到幼儿园，有午餐时间，有午睡时间和接送时间。幼儿园每年都有一个学年。每一学年都有一些孩子来上幼儿园，也有孩子从幼儿园毕业。但是，孩子们是如何看待时间现象的？他们如何理解时间呢？

时 间

每个人都有时间意识：我们区分过去、现在和未来。从生物学角度看，这种时间意识的前提是能够记住所经历的事情并想象未来。我们的时间感知是主观的，一个小时的时间历程对于我们来说可能会更长或更短。从物理学角度看，时间与空间有着千丝万缕的联系，因为我们只能从时间的持续与变化角度来感知时间。这就是为什么我们用来测量时间的所有方法都与空间运动相关联，例如，时钟指针的运动使得时间向我们呈现得更为清晰。对时间的最原始的理解和某些时间单位的定义是基于对重复发生的自然事件的观察。天象在这里扮演着重要的参照系角色，我们根据太阳和月亮的运动轨迹将时间划分为年、月、日，时、分、秒。

时间

- **时间感知**
  - 为什么我们对于固定时间的长短感知是不一样的?
  - 时间是我们外在设置的吗?
    - 人们能占有时间吗?
    - 人们能让时间消失吗?
    - 人们能利用时间吗?
    - 什么叫没有时间?
  - 人们如何感受时间?他们的感受如何?
- **一切都有它的时间吗?**
  - 没有什么是可重复的吗?
  - 什么事都有合适的时间吗?
  - 时间都是暂时的吗?
- **时间测量**
  - 作为变化的时间
    - 存在不变化的时间吗?
    - 什么是永恒?
  - 时间与空间
    - 作为在空间中运动的时间
      - 时间是相对的吗?
      - 我怎么知道1分钟是1分钟?
      - 我们如何判定时间单元?
    - 时间有开端和终点吗?
    - 时间只能在空间中被感知吗?
      - 人们可以看到时间吗?
  - 时间是线性的还是轮回的?
    - 永恒轮回后一切还是原来的样子吗?
    - 时间看起来是怎样的?
- **时间意识**
  - 过去一现在一未来
    - 现在是什么意思?
      - 现在什么时候不在了?
    - 过去和未来的界限在哪里?
  - 生活时间

什么是时间?

> “时间不会消失。
>
> ——埃利芙，5 岁”

适宜年龄

3—6 岁儿童

空间要求

适合小组讨论、沉思的哲学教室或活动室

准备材料

- 沙漏，闹钟
- 秒表
- 铅笔
- 树叶
- 制作材料
- 奥尔夫乐器，发音盒

导入环节：计时器

教师在谈话圈中央放一个沙漏或一个嘀嗒作响的闹钟，并让孩子们仔细观察沙子的流动或聆听闹钟的嘀嗒声。教师可以通过询问以下问题开启对话：

- “时间发生了什么？”
  （询问观察的结果）
- “时间走了，它去了哪里？”
  （通过具体思想来接近抽象概念）
- “你怎么知道时间在流逝？”
  （询问经验）
- “为什么时间有时会变快而有时会变慢？你能说出时间流逝很快或是缓慢的情况吗？”
  （询问经验、想法和感受）
- “我们为什么要测量时间？”
  （询问意义、用途和原因）

当我们将两种测量时间的工具都放在谈话圈的中央时，我们可以讨论以下问题：

- “时间在沙漏和闹钟中走得一样快吗？”

  （询问看似有标准答案的知识）
- “在两种情况下，时间都去了同一个地方吗？”

  （询问想法和相似之处）

创意活动：人们如何测量时间

孩子们用图片和剪报来做一个关于时间测量工具（例如，沙漏、手表、教堂钟、日晷、日历等）的拼贴海报。从海报中，我们可以清楚地看到客观时间测量与主观时间感知之间的区别。我们测量时间，将一天分为多少秒、多少分和多少小时，将一年分为多少天和多少月。然而，我们对时间的感知是主观的。进行创造性讨论的另一种可能性是，让孩子们发明一种新的时间测量仪器。

思想实验：聆听时间之音

“时间听起来如何？”“时间有声音吗？”这些令人兴奋的问题可以轻松转化为音乐性的实验。每个孩子都可以选择合适的乐器（例如，三角铁、木琴、手鼓、唱歌碗），并用它来表示时间的声音。每个孩子都应该解释为什么他们认为时间听起来像这样。

时间从哪里来，到哪里去?

“人们可以取回时间，如果人们在第二天做了同样的事情。

——卢卡斯，4 岁”

适宜年龄

3—6 岁儿童

空间要求

适合小组讨论、沉思的哲学教室或活动室

准备材料

- 铅笔
- 纸，纸板
- 收纳盒，配件

导入环节：拟人化的时间

孩子们通过把时间想象成一个人来进入话题的讨论。为了激发孩子们的想象力，教师可以问他们一些具体的问题："时间长什么样？"（女人、男人，年轻人、老人，年龄大、没有年龄？）"时间穿什么衣服？"（老式的、现代的、永恒的？）"谁是时间的朋友？""谁是他的敌人？""时间在闲暇时喜欢做什么？"等等。

我们建议你让孩子们分成几个小组，请一个大人照看一个小组，以便协调和指导孩子讨论并记录下他们的想法。可以把孩子们的想法和观点写下来或者画出来。

然后，各个小组在谈话圈中向其他孩子展示他们的时间。为了支持孩子的思维过程，还可以为他们提供一个装有衣物、毛巾和配件的盒子。每个小组都可以有一个孩子来扮演时间。之后，教师可以使用以下问题引发孩子们的哲学思考：

- "每个小组如何想象时间？"

  （形成自己的观点，思考他人的想法）

- "每个小组对时间的想象有哪些相似之处？哪些地方是不同的？"

  （发现不同点和相似点，将本质与非本质区分开来）

- “其他组对于 A 组的观点有什么想法?”

（将不同组之间的观点建立起联系）

创意活动：时间卡片

孩子们还可以将时间卡片赠送给他人，例如，送给父母、祖父母、兄弟姐妹、朋友等。教师可以帮助孩子在卡片上填写收件人的名字和地址，以及时间之礼所持续的时间（例如，一天、一个下午、一小时等）。（相关模板请参阅本书“附录”部分。）

时间住在哪里?

> “住在时钟里，时间是黑色的。
>
> ——朱莉娅，4 岁”

适宜年龄

3—6 岁儿童

空间要求

适合小组讨论、沉思的哲学教室或活动室

准备材料

- 铅笔
- 纸，纸板
- 旧衣服，配件

图画书

弗拉基米尔·斯库蒂娜（Vladimir Skutina），玛丽·J. 萨克（Marie J. Sacré），《时间住在哪里》（*Wo die Zeit wohnt*）

导入环节：图画书

因为每个人都告诉卡琳他们没有时间，所以这位小女孩开始寻找时间。弗拉基米尔·斯库蒂娜和玛丽·J. 萨克的图画书《时间住在哪里》讲述了一个有关小女孩与时间问题的童话故事，我们可以就此展开以下讨论：

- “为什么大人总是没有时间？”

  （询问原因和经验，换个角度看问题）

- “人们可以保存时间吗？”

  （思想实验，提出想法）

- “什么是浪费时间？”

  （询问经验）

- “时间在哪里？”

  （询问想法）

- “人们能看到时间吗？”

  （询问经验和想法）

这本图画书为孩子们提供了许多机会来讨论类似的问题。我们可以把故事读完，也可以在任何时候停下来，以便将哲学对话与瞬间迸发的问题联系起来。在孩子们经过哲学探究的洗礼后，我们可以收集他们对于该主题的哲学问题。接着，我们可以把这些问题写在海报或小黑板上，再将它们全部读一遍。然后，我们可以让孩子们举手表决，他们想讨论哪个问题。在投票过程中，我们可以让孩子们闭上眼睛或者也可以睁着眼睛。（闭上眼睛的好处是，孩子们可以避免被他人的意见所影响。）

创意活动：时间住在哪里？

让孩子们画一下时间居住的地方，或者让他们根据自己的想象，把时间是怎样的画出来。教师可以将这些图片在哲学教室或者公共空间展出，并且可以将它们作为之后讨论的刺激物。

创意活动：小心时间猎手

如果孩子们对时间猎手感兴趣，可以让他们一起设计海报（例如，将文字和拼贴画组合在一起）。标题可以是：“时间猎手以及我们如何珍惜时间”。

小贴士

关于时间的主题，我们还可以邀请孩子们一同设计图画书。例如，展现孩子们熟悉的不同“时间”的类别：午睡时间、午餐时间、圣诞节时间、其他假期时间、石器时代等。安缇耶·达姆的图画书《世界上的每一刻》（*Alle Zeit der Welt*）是一个极具启发性的模板，其中包含了许多关于时间的哲学问题。

人们能看到时间吗?

“时光飞逝。

——约纳斯，6 岁”

适宜年龄

3—6 岁儿童

空间要求

适合小组讨论、沉思的哲学教室或活动室

准备材料

三张图片：“生命的沙漏”（材料见“附录”）

导入环节：生命的沙漏

把三张图片放置在谈话圈的中央。第一张图片上有一个超大的沙漏，有一个小孩坐在沙漏的上半部分。沙子从狭窄的开口处细细地流下。在第二张图片中，我们可以看到相同的沙漏，其中的沙子已经堆积在沙漏的下半部分，形成了一个高高的沙丘。第一张图片中的孩子已经长大，拎着一个公文包，拿着一部手机。先不要把第三张图片给孩子们看，用纸盖住它。现在，孩子们的任务是，思考第三张图片是怎样的。请每个孩子画一下这个故事的延续。然后回到谈话圈，让孩子们展示他们的绘画作品。他们可能会画一个刚出生的小孩、一个幼童或者一个老人。教师在引导对话时可以结合以下问题：

- “人们如何察觉时间在流逝？”
  （询问观察结果）
- “时间总是在的吗？”
  （询问意见）

孩子们当然对故事的结局感到好奇。现在，教师可以把盖在第三张图片上的纸拿掉，以便让孩子们看到图片：上半部分的所有沙子都漏光了，下半部分现在有一个十字架，作为人类生命终结的象征。当然，我们也可以改动最后一张图片，因为生命的历程中还会有其他的“中转站”。教师可以参考“附录”中的图片模板进行改动。教师也可以从每个人只能在有限的时间里生活的主题，过渡到另一个主题——“死亡”（请参照下一节）。教师还可以向孩子们提出以下有趣的问题：

● “如果没有时间会怎样？”

（思想实验）

自古以来，思想实验一直是创造性哲学思考的一部分。即使思想实验与常识相矛盾，它也可以使思想变得有趣。

小贴士

- 为父母提供有关时间的哲学对话参考材料。
- 在幼儿园开学之初，请孩子们以团体为单位进行思考：什么是时间？我们为什么要在某事上花时间？

死　亡

儿童在日常生活中也会遇到关于死亡的话题，例如，宠物的离去、周围邻居所发生的不幸、参加祖父母的葬礼等。面对死亡事件，孩子们和成年人一样会感到悲伤。哲学对话可以支持孩子们表达悲伤，并帮助他们以自己的方式表达悲伤。但是，即便不是出于生活中的特定情况，这个话题也可以让孩子参与讨论。他们通常能比我们成人更不带偏见地思考相关问题。

死　亡

“死”这个概念表示个体的终结。它与“生”完全是截然相反的词。然而，“死”与“生”却是无法彼此分离的：一切活着的东西必然会在某个时刻死亡。死亡不在人的经验范围之内，因此我们无法把握它。不过，通过将死亡具体化、可见化，我们可以尝试去理解这个概念。当不再有可检测到的心跳或大脑活动时，一个人就在临床上被认为是死亡。一个精神上的自我，当它不能再依靠大脑而存在时，那就是终结的时刻。死亡无异于进入虚无，它让我们活着的人不再有任何出路。因此，我们通常将死亡状态与深度睡眠状态进行比较，以便至少了解一个大致的概念。在所有宗教传统中，都有关于死亡的解释，不同解释之间会相互矛盾。在诸如基督教这样的一神教中，通常存在将短暂易逝的身体与进入天国的永恒灵魂相分离的学说。印度教徒和佛教徒相信生命能量的守恒和流动，以轮回的形式使身体再次复活。

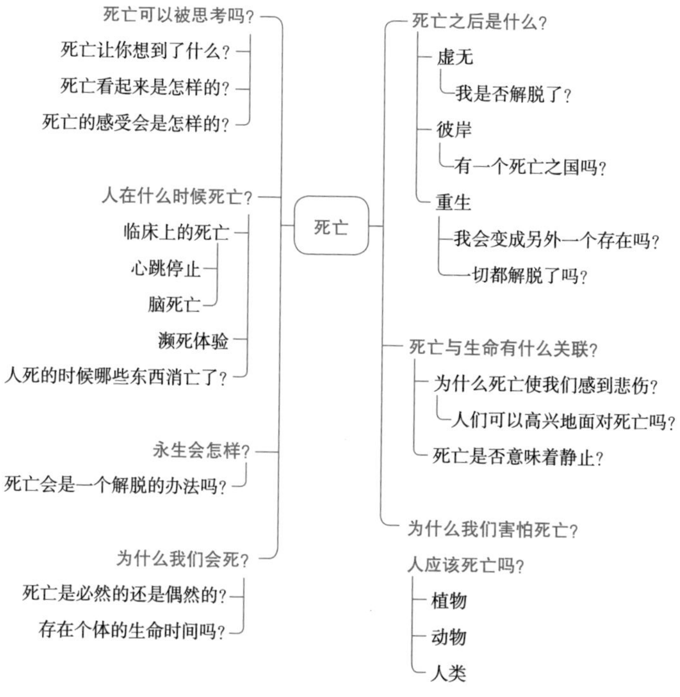
死亡
死亡可以被思考吗？
死亡让你想到了什么？
死亡看起来是怎样的？
死亡的感受会是怎样的？
人在什么时候死亡？
临床上的死亡
心跳停止
脑死亡
濒死体验
人死的时候哪些东西消亡了？
永生会怎样？
死亡会是一个解脱的办法吗？
为什么我们会死？
死亡是必然的还是偶然的？
存在个体的生命时间吗？
死亡之后是什么？
虚无
我是否解脱了？
彼岸
有一个死亡之国吗？
重生
我会变成另外一个存在吗？
一切都解脱了吗？
死亡与生命有什么关联？
为什么死亡使我们感到悲伤？
人们可以高兴地面对死亡吗？
死亡是否意味着静止？
为什么我们害怕死亡？
人应该死亡吗？
植物
动物
人类

我死后去了哪里?

“去了天上。——贾纳，4 岁

在坟墓里。——伊莱亚斯，6 岁”

适宜年龄

3—6 岁儿童

空间要求

适合小组讨论、沉思的哲学教室或活动室

准备材料

- 纸，蜡笔
- 抹布
- 蜡烛

图画书

菊田真理子（Mariko Kikuta），《你还在我身边》（*Du bist immer noch bei mir*）

导入环节：图画书

“我死之后去了哪里？”孩子提出的这一问题看起来与死亡的主题相关。菊田真理子创作的图画书《你还在我身边》以一种共情的方式回答了这个问题。这本图画书讲述了小狗四郎（Shiro）在它的好朋友米琪（Miki）逝世后感到既悲伤又孤独的故事。但是，四郎很快感到米琪依然在他身边。作为导入环节，教师可以带领孩子们完整阅读这个故事，然后提出以下问题：

- “死后会去哪里，你是怎么想的？”
  （哲学问题）

为了倾听孩子们的心声、想法和问题，在阅读的过程中，教师可以一次又一次地停下来。通过这种方式，探究团体可以慢慢接近主题，也会触及该主题的更多方面。根据孩子们感兴趣的话题，我们可以在下一次活动中将讨论的问题进一步深入：

- “为什么四郎如此难过？”
  （出于某些原因询问，换个角度看问题）
- “你是否也经历过四郎身上发生的事情？”
  （询问个人经历）

- “米琪还在吗？”

  （询问经验，询问意义）

- “米琪现在在哪里？”

  （询问想法）

为了不影响孩子们的看法，对于故事的结局，教师可以在最后说：米琪一直生活在四郎的思想中，因此她可以永远和他在一起。故事的结尾为对话提供了另一个可以展开的问题：

- “如果这个人一直被想起，是否意味着他还活着？”

  （哲学问题）

创意活动：米琪在这里

让孩子们猜测米琪去世后去的地方，并把它画出来。这个活动可以插入到哲学对话中或放在整个哲学活动的结尾处。由于无法在一次哲学活动中处理完死亡的主题，因此，孩子们的绘画可以成为下一次哲学对话的起点。上次活动中的想法以及故事的内容也会重新勾起孩子们的回忆。请每个孩子向其他人展示自己的画作。通过孩子们所表达的不同想法，教师在接下来的讨论中可以引导孩子们思考以下问题：

- “其他孩子也这么看问题吗，如何……？”

  （征求意见，建立图画之间的关系）

- “你觉得……画得怎么样？”

  （询问立场和意见）

- “有没有可能会像……想的那样？”

  （询问原因）

- “你们的画有相似点 / 不同之处吗？”

  （指出相似点和不同之处）

小贴士

以下图画书也适合用于该主题的讨论：

- 阿梅丽 · 弗里德（Amelie Fried），雅基 · 格莱亚（Jacky Gleich），《爷爷有没有穿西装？》（*Hat Opa einen Anzug an?*）

- 阿克塞尔 · 舒尔斯（Axel Schulß），达妮埃拉 · 邦格（Daniela Bunge），《奥托第一次伤心时》（*Als Otto das Herz zum ersten Mal brach*）

- 苏珊 · 华莱（Susan Varley），《獾的礼物》（*Leb wohl, lieber Dachs*）

死神到底是谁?

“死神把人带到另一个世界。

——利奥，6 岁”

适宜年龄

3—6 岁儿童

空间要求

适合小组讨论、沉思的哲学教室或活动室

准备材料

- 玻璃珠，自然材料
- 胶水
- 线或绳
- 蜡烛

图画书

沃尔夫·埃布鲁赫（Wolf Erlbruch），《鸭子、死神和郁

金香》(*Ente, Tod und Tulpe*)

导入环节：图画书

谁是死神？为什么我们害怕他？在沃尔夫·埃布鲁赫的《鸭子、死神和郁金香》中，死神是一个一直存在的沉默伴侣。开启这一环节的一种可能方法是，问孩子们他们如何想象死神。他们可以发挥自己的想象力，用语言或图画的方式来表达：

- “死神究竟是谁？”
  （哲学问题）
- “你觉得死神是怎样的？”
  （询问想法）

在孩子们说出或画出死神后，你们可以一起读图画书。需要向孩子们指出的是，虽然沃尔夫·埃布鲁赫是这样表现死神的，但每个孩子都可以展现不一样的死神。该故事包含有关死亡主题的许多哲学问题，里面的图片也可以为哲学探究提供许多契机。你们应该花更多的时间来阅读这本图画书，因为它为许多哲学问题留出了余地，例如：

- “为什么鸭子害怕死亡？”

  （询问原因；将自己置于鸭子的立场上）
- “你也同样害怕死亡吗？”

  （询问个人经历和感受）
- “当人们不再生活在地球上时，他们的感觉会如何？”

  （征求意见）
- “我们为什么必须死？”

  （询问意义）
- “人们怎么知道某个人已经死了？”

  （查找特征和标准）
- “鸭子死后去了哪里？”

  （思想实验）
- “为什么死亡总是伴随着郁金香？”

  （询问符号的含义）

创意活动：永恒的陪伴

在这个故事中，死神总是带着他的郁金香，并在鸭子死后送给了鸭子。孩子们可以用自然材料或玻璃珠制作他们想赠予某人（爷爷、奶奶或宠物等）的象征物。

小贴士

以下图画书也适合用于该主题的讨论：

- 葛伦·林特威德（Glenn Ringtved），夏洛特·帕蒂（Charlotte Pardi），《好好哭泣：教孩子面对死亡》（*Warum, lieber Tod ...?*）
- 佩妮拉·斯达菲尔特（Pernilla Stalfelt），《死亡是怎么回事》（*Und was kommt dann?: Das Kinderbuch vom Tod*）

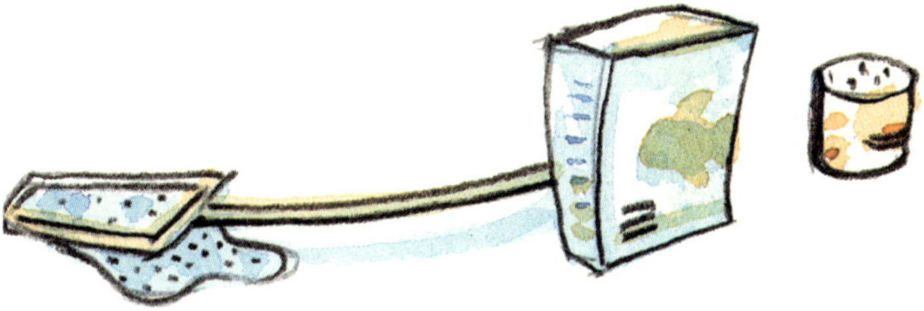

人们为什么说这个人死了？

“我还没有遇到过死神，当他在的时候，我已经走了。

——朱利安，6 岁”

适宜年龄

3—6 岁儿童

空间要求

适合小组讨论、沉思的哲学教室或活动室

准备材料

- 自然材料
- 蜡烛
- 胶水
- 海报纸
- 照片，视觉材料

导入环节：什么是活的，什么是死的？

在谈话圈的中央，放置来自大自然的各种东西：小石头、树根、新鲜或枯萎的树叶和花朵、苔藓、小木盘、燃烧的蜡烛等。请孩子们首先描述他们看到的东西，他们在描述的时候可能已经谈到“死”和“活”。教师可以抓住这个机会，并通过以下问题开启哲学对话：

- “我如何知道某人或某物已经死了？”
  （收集标准）

孩子给出的衡量标准可能是：运动，成长，呼吸等。在进一步的讨论中，对话的引导者可以反复提及这些东西或自然现象：

- “鲜花真的还活着吗？”
  （询问标准和本质，质疑观点和假定的某些知识）
- “凋谢的花和鲜花有什么区别？”
  （激发更精确的观察）
- “蜡烛和火的燃烧需要氧气，它们与生物有何不同？”
  （询问标准和特征）

- “叶子每年都会落下来，这背后的意义是什么？”
  （询问原因和含义）
- “我们当下的人类与远古时期的人类一样吗？”
  （将获得的认识转移到人类身上）

创意活动：海报与拼贴画

教师可以请孩子们一起设计一张海报，用自然材料来表达自己的标准，然后粘贴到海报上。对于“什么是死的，什么是活的？”，教师也可以让孩子们做一个拼贴画，请他们搜集表现大自然中衰败与死亡现象的图片，然后把它们拼起来。

人死的时候会发生什么？

> “我认为，灵魂在坟墓中存在，因为当身体存在的时候，人们是没有灵魂的。
>
> ——克拉拉，6岁”

适宜年龄

3—6岁儿童

空间要求

适合小组讨论、沉思的哲学教室或活动室

准备材料

- 废旧材料
- 钢笔
- 树叶

图画书

米歇尔·勒米厄（Michèle Lemieux），《雷暴之夜》（*Gewitternacht*）

乌尔夫·尼尔森（Ulf Nilsson），伊娃·埃里克松（Eva Eriksson），《世界上最好的葬礼》（*Die besten Beerdigungen der Welt*）

导入环节：图画书

米歇尔·勒米厄在她的书《雷暴之夜》中问道："你真的能看到自己的灵魂吗？"以及"人死后会去哪里？"她试图用简单的图画来阐述这些问题，我们可以用这些视觉材料来开启哲学对话。由于单看这些图片对孩子来说可能太抽象了，所以，在呈现图片时，教师可以提出相应的问题。

当孩子们思考死亡时，不可避免的问题是：奶奶死后会去哪里，为什么我们把死者埋葬以及葬礼是什么。乌尔夫·尼尔森和伊娃·埃里克松的图画书《世界上最好的葬礼》用幽默诙谐的风格讨论了“死后会发生什么”。故事是关于葬礼以及与之相关的所有细节的。同时，作者也谈到了如何面对悲伤，讨论了死亡的意义，当然还有这个问题：“死了之后会发生什么？”

创意活动：我的灵魂

作为一种创造性的表达方式，孩子们可以使用废旧材料设计自己的灵魂，对其进行绘画，并将其放置在自己身体轮廓的合适位置。

远足活动

当涉及与死亡有关的葬礼、坟墓和仪式等主题时，教师可以组织孩子们参观当地的公墓，以便对哲学活动进行补充。

小贴士

- 重要的是，教师必须意识到自己作为同伴的角色并保持适当的距离。

- 对于带有强烈情感的主题，教师首先需要组织孩子们进行基础问题的讨论，让他们反思自己的经验并意识到自己的观点。

- 团体探究可以促进问题的澄清，并为该主题提供确定性。

- 如果孩子遇到了亲人离去或爱宠死亡的事件，那么，在此进行哲学探究可能会有所帮助。不过，孩子随后依然需要进一步的支持。因此，强烈建议陪伴儿童的成年人阅读有关如何处理儿童悲伤情绪的入门文献（请在“参考文献”中查看）。

- 应该克服对“死亡”主题的恐惧，因为如果孩子在必要时找不到愿意与他交流的人，他们会把难题都放在自己身上，变得自闭和孤独。

- 可以通过写信或“家长之夜”的方式提前告知家长，孩子们已经进行了有关死亡话题的哲学探究。

友　谊

对孩子们来说，交朋友是非常重要的事情。朋友给予我们自信和安全感。最初的友谊通常在幼儿园就开始了。朋友之间互相邀请参加生日派对，互相拜访，一起过夜。朋友之间会出现争吵和嫉妒的现象。有些友谊结束了，新的友谊又会开始。我们如何定义友谊，我们可以向朋友期望什么以及我们应该为朋友做些什么，思考这些问题有助于我们澄清自己的愿望和想法，以及更好地理解我们对待朋友的行为。

友 谊

友谊是人类的需要，是我们生活的中心：只有与他人打交道，我们才能与世界建立关系，并通过接受他人不同的观点来确认与了解自己。一方面，被称为友谊的关系是建立在共情的基础上的，其特点是相互之间的爱与尊重。朋友之间总是怀着美好的祝愿，希望互相给予彼此帮助与增进彼此的幸福。这意味着，友谊关系是永远不能出于义务或外部的强迫而建立的。另一方面，这样的友谊与他人无关。我可以和对我有用的人成为朋友，或者在不喜欢他们的情况下与他们一起愉快地玩耍。然而，要真正学会爱我们的朋友，不仅需要长时间的互动，也需要信任感的培养。时间会告诉我们，双方是否能够以共情的方式相互理解。

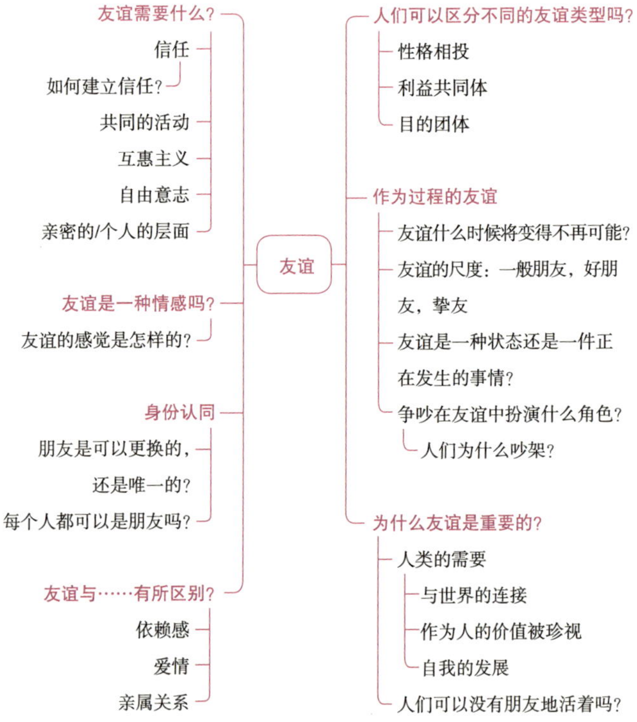
友谊
友谊需要什么？
信任
如何建立信任？
共同的活动
互惠主义
自由意志
亲密的/个人的层面
友谊是一种情感吗？
友谊的感觉是怎样的？
身份认同
朋友是可以更换的，
还是唯一的？
每个人都可以是朋友吗？
友谊与……有所区别？
依赖感
爱情
亲属关系
人们可以区分不同的友谊类型吗？
性格相投
利益共同体
目的团体
作为过程的友谊
友谊什么时候将变得不再可能？
友谊的尺度：一般朋友，好朋
友，挚友
友谊是一种状态还是一件正
在发生的事情？
争吵在友谊中扮演什么角色？
人们为什么吵架？
为什么友谊是重要的？
人类的需要
与世界的连接
作为人的价值被珍视
自我的发展
人们可以没有朋友地活着吗？

谁是朋友?

> “那个和我一起玩的人。
>
> ——内尔，4岁”

适宜年龄

3—6 岁儿童

空间要求

适合小组讨论、沉思的哲学教室或活动室

准备材料

- 海报纸
- 卡纸
- 笔

图画书

赫姆·海恩（Helme Heine），《好朋友》（*Freunde*）

玛笛亚斯·约特克（Matthias Sodtke），《世界上究竟有没有胡萝卜味的苍蝇？》（*Gibt es eigentlich Brummer, die nach Möhren schmecken?*）

安妮特·布莱（Anette Bley），《一个朋友》（*Ein Freund*）

导入环节：图画书

赫姆·海恩的《好朋友》讲述了三个朋友小猪波波、小老鼠强强和公鸡咕咕一起经历了大胆冒险的故事。故事的结尾是："他们在梦里又见面了。因为，真正的朋友总是会出现在彼此的梦中。"教师带孩子们读完故事后，可以就以下问题展开讨论：

- "谁是你真正的朋友？"

  （询问经验，收集特征）
- "如果有真的朋友，是否也有假的朋友？"

  （收集标准，区分概念）
- "我们可以有许多朋友吗？"

  （询问个人观点）
- "你需要朋友吗？"

  （询问个人想法）
- "友谊会消失吗？"

  （询问经历）

在《世界上究竟有没有胡萝卜味的苍蝇?》中，玛笛亚斯·约特克提出的一个问题是，我们是否可以和与自己完全不同的人成为朋友。这本图画书讲述的是兔子蹦蹦和青蛙跳跳的故事。他们是最好的朋友，并且喜欢一起做每一件事。有一天，他们想，既然他们一起做所有的事情，那么他们也应该吃彼此最喜欢的食物，但这却成了他们友谊的一次考验。

一开始，教师可以大声朗读故事，然后就相关的细节向孩子们提出问题：如果兔子蹦蹦尝试吃朋友青蛙跳跳的苍蝇，会发生什么。还有一个很明显的问题是：当蹦蹦和跳跳意识到无法吃掉他们朋友最喜欢的食物时，他们的感受会怎样。这样的问题可以贯穿到孩子们最初的阅读中。将孩子们带入两个朋友的不同立场，再把故事迁移到他们对于生活世界的理解中。

- “像蹦蹦和跳跳之间的事情发生在你身上过吗？”

  （站在他者的角度思考，建立与他人的关系）
- “你对此感觉如何？”

  （询问感受和个人经历）
- “两个朋友必须一样吗？”

  （概括具体示例）
- “我们可以与不同的人，例如，年龄较大的人、来自

另一个国家的人、说不同语言的人等成为朋友吗？”

（思想实验，询问个人想法）

安妮特·布莱的《一个朋友》以感性而有力的图片展现了我们需要朋友的情况。在该书的结尾，作者向读者提出了一些问题，例如：“在雨天，你想和谁成为朋友？如果你喜欢恶作剧，你想和谁成为朋友？ 当你感到高兴、悲伤或恐惧的时候呢……”这些图片邀请我们与孩子一起思考以下哲学问题：

- “关于朋友，你知道什么？”

  （收集特征）

- “我们是否必须与朋友分享一切，包括秘密？”

  （询问原因）

- “我们可以分享朋友吗？”

  （询问经验和想法）

创意活动：一个朋友

教师可以让孩子们在一张卡纸上剪出一个轮廓，来代表他们眼中的好朋友，并请他们谈谈这个好朋友有什么样的特征以及他们的名字是什么。请孩子们在轮廓上画出他们的想法，也可以配上图片或照片，粘贴在海报纸上。教师可以把孩子们的想法写在海报边缘，并将孩子们的这些作品陈列在哲学教室里。

友谊给人什么感觉？

> “和朋友在一起，我玩得很愉快。
>
> ——莉，5岁”

适宜年龄

3—6岁儿童

空间要求

适合小组讨论、沉思的哲学教室或活动室

准备材料

- 轻音乐
- 朋友的照片或图片
- 五颜六色的羊毛线

- 纸花（见“附录”）
- 蜡笔
- 碗，温水

导入环节：问候你的朋友

孩子们在活动室站成一圈，教师播放轻音乐，孩子们开始走动。教师给出指令，让孩子们边走边互相打招呼问候。回到谈话圈，邀请每个孩子都说一下在刚刚打招呼的过程中发生了什么。导入环节的问题可以是：

- “友谊的感觉是怎样的？”
  （准确感知）
- “这种感觉会消失吗？”
  （询问经验和想法）
- “当有人说你是他们的朋友时，你感觉如何？”
  （与他人建立联系，把自己置于另一个人的境地）
- “当有人说你不再是他的朋友时，你感觉如何？”
  （准确感知）
- “当你的朋友不在那里时，你感觉如何？”
  （区分并罗列感受）

在谈话圈的中央放置孩子们朋友的照片或图片。请孩子们描述他们在画面中看到的东西。照片或图片应该显示朋友之间相处的不同画面，例如，一起谈笑生风、一起玩耍、互相帮助、安慰对方、动物和人类等。

- “你怎么知道他们是朋友？”
  （精确观察，收集特征）
- “你在哪里感受到友谊？”
  （有意识地感知自己的感受及其变化）
- “人们如何找到一个朋友？”
  （询问示例）
- “人们如何失去一个朋友？”
  （询问经验）
- “你能和谁做朋友？”
  （思想实验）

创意活动：友谊绳

作为他们友谊的象征，孩子们可以编个绳子，然后把它送给自己的朋友。

游戏活动：角色扮演与立式雕像

在角色扮演游戏中，孩子们被分成两人或三人一组，并在一个非语言的游戏情景中，演出和朋友一起做的事情。一组孩子表演，其他孩子可以猜测，他们的表演展现了友谊的哪个方面，表演的动作想要表达什么意思等。

在立式雕像游戏中，两到四个孩子代表一个关于友谊主题的情景。其他孩子可以猜测这表达的是什么。他们可以通过站在角色后面仔细观察，推测这个雕像中人物的思考和感受。

角色扮演和立式雕像可以激发哲学对话，其中，孩子们的思想再次在情景中得到落实，他们也可以带着游戏中的疑问、情感和思考进入相关话题的讨论：

- “从哪里可以看出来演员要表达的是友谊？”

  （精确观察，识别意义）

- “如果某人不是你的朋友，你会怎样对待他？”

  （从不同的角度看待问题，寻找替代方案）

- “在这样的情景中，朋友给我们的感觉是什么？”

  （以不同的视角思考）

- “在这样的情景中，你还能怎样做才能表现得像朋友？”

  （寻找其他选择：创造性思维）

创意活动：我喜欢你的什么

孩子们围成一圈坐在地板上。每个孩子面前都有一朵纸花和一个盛水的碗。教师应该在活动开始前就将温水倒入碗里。现在，让每个孩子去寻找他们的朋友，想想他最喜欢的朋友是谁。每个孩子都要告诉自己的朋友，他们喜欢对方什么，然后请孩子站起来，把纸花放在相关孩子面前的碗里。教师要确保每个孩子在活动中都被提及。纸花放在温水中后就会绽放，这是一种赞美的方式。孩子们也可以将提前画好的花送给朋友。

为什么人们需要友谊?

“没有朋友，我会感到孤独。

——尼克拉斯，5 岁”

适宜年龄

3—6 岁儿童

空间要求

适合小组讨论、沉思的哲学教室或活动室

准备材料

- 朋友的照片或图片
- 纸，笔
- 海报纸或活动板

图画书

达柯玛尔·盖斯勒（Dagmar Geisler），《我很喜欢你》（*Ich kann dich ziemlich gut leiden*）

导入环节：图画书

达柯玛尔·盖斯勒的图画书《我很喜欢你》讲述了莱恩和巴伦的故事。他们两个是好朋友，但他们很不一样。莱恩总是想着玩，巴伦总是喜欢看报纸。他们吵架了，因为每次他们都要等对方，他们都希望对方体贴自己。但他们找到了一个解决方案。教师可以参考该图画书与孩子们讨论以下问题：

- “你和朋友也会争吵吗？”

  （询问个人观点）

- “你必须为你的朋友做一切吗？”

  （询问个人意见）

- “你会向朋友建议什么样的解决方案？”（创造性思维）
- “为什么你需要一个朋友？”（询问原因）

创意活动：我的朋友和我

孩子们在纸上画出他们和朋友在一起的画面。在海报纸或活动板等展示板上收集有关孩子们需要朋友的原因。孩子们可以去采访自己的朋友、父母、祖父母等，可以把他们的想法也写到展示板上。

小贴士

请尽量在具体的情形中讨论友谊，例如，当孩子争吵时，当友谊破裂或新的友谊出现时。

勇　　敢

勇敢有许多表现形式，孩子们已经在他们的日常生活中经历过这种情况。在哲学讨论小组中发言或是反驳大人的观点，都是勇敢的。勇敢也可以是不同流合污或拒绝做坏事。

勇　敢

勇敢总是与行为相关，无论是言语行为还是身体行为。思考（或感觉）先于行动。因此，勇敢是一座连接内在世界与外在世界的桥梁。什么是勇敢的行为，教师最好在定义“勇敢”的同时首先考虑相反的术语，例如胆怯、漠不关心、莽撞等。胆怯的人对自己的力量不自信并且害怕承担行为后果，而勇敢的人则知晓自己的力量并且感到很自信。万一失败，他会无所畏惧地承担后果。因此，勇敢的行动并不容易。那些愿意承担失败风险的人正在追求一个值得勇敢的目标。勇敢并不排斥恐惧，而是接受恐惧并努力实现目标。毫无疑问，勇敢的行动从来就不是没有考虑的，因为人们必须意识到自己的行动及其后果和期望的目标。真正的勇敢必须准备好可替代的行动方案（无论是行动还是不行动）。

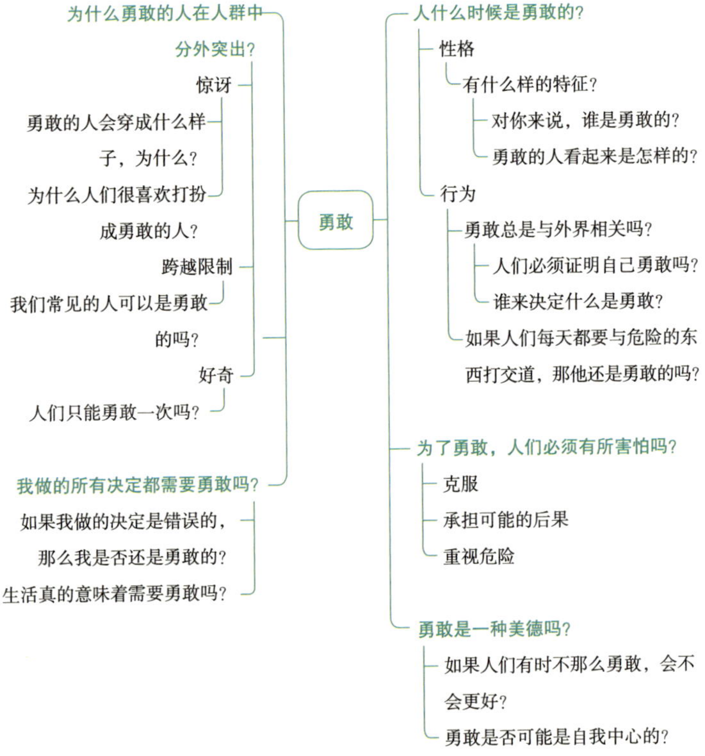
勇敢
为什么勇敢的人在人群中分外突出？
惊讶
勇敢的人会穿成什么样子，为什么？
为什么人们很喜欢打扮成勇敢的人？
跨越限制
我们常见的人可以是勇敢的吗？
好奇
人们只能勇敢一次吗？
我做的所有决定都需要勇敢吗？
如果我做的决定是错误的，那么我是否还是勇敢的？
生活真的意味着需要勇敢吗？
人什么时候是勇敢的？
性格
有什么样的特征？
对你来说，谁是勇敢的？
勇敢的人看起来是怎样的？
行为
勇敢总是与外界相关吗？
人们必须证明自己勇敢吗？
谁来决定什么是勇敢？
如果人们每天都要与危险的东西打交道，那他还是勇敢的吗？
为了勇敢，人们必须有所害怕吗？
克服
承担可能的后果
重视危险
勇敢是一种美德吗？
如果人们有时不那么勇敢，会不会更好？
勇敢是否可能是自我中心的？

勇敢的人是怎样的?

“我有一次一个人把房间打扫了一遍。

——弗兰兹斯卡，4 岁

不，我不觉得打扫房间是勇敢的，我经常这么做啊。

——朱莉娅，5 岁”

适宜年龄

3—6 岁儿童

空间要求

适合小组讨论、沉思的哲学教室或活动室

准备材料

- 卡纸
- 钢笔
- 胶水

图画书

洛伦茨·保利（Lorenz Pauli），卡塔琳•舍雷尔（Kathrin Schärer），《你真勇敢》（*Mutig, mutig*）

导入环节：图画书

《你真勇敢》讲述了四个小动物的故事。他们是老鼠、蜗牛、麻雀和青蛙。他们组织了一场竞赛：谁能通过最疯狂的勇气考验？这四位好朋友要挑战不同的任务，这些任务初看起来并没有什么了不起。只有当他们跨出第一步时，他们才意识到，他们每个人都表现出了极大的勇气。在阅读图画书时，孩子们对勇气考验有了自己的想法。教师可以请孩子们猜猜哪种动物选择了哪种勇气考验。例如，教师可以组织孩子们讨论以下问题：

- “为什么在你看来老鼠是勇敢的？”

  （参考图画书，询问个人立场）
- “一种动物比另一种动物更勇敢吗？为什么？”

  （提出个人理由和一般标准）
- “我们什么时候会谈论勇敢？什么时候不会呢？”

  （询问一般标准）

- “勇敢如何在某种情境下表现出来？”

  （抽象概念可视化）

- “你曾经勇敢过吗？”

  （从抽象到具体）

这本图画书让孩子们看到了勇气能以非常不同的方式体现出来。关于“勇敢”的话题也可以转移到儿童自己的世界，我们可以问：“你什么时候勇敢过？”然后请孩子们收集他们的勇敢时刻。和图画书里讲到的一样，勇敢总是多种多样的。教师可以组织孩子们讨论以下问题：

- “是什么阻碍了你勇敢？”

  （追问理由）

- “勇敢的先决条件是什么？”

  （询问条件，建立与行动的关联）

- “勇敢是可以学习或练习的吗？要怎么学习呢？”

  （征求个人想法，创造性思维）

- “你必须坚强才能勇敢吗？”

  （区分概念，识别关系）

- “谁是勇敢的？”

  （将抽象概念具体化）

创意活动：拼贴画

请孩子们创作一张海报，把勇敢的人的照片、漫画或童话人物的图片粘贴在海报上。孩子们可以选择他们认为勇敢的人或角色，并说明他们的理由。这些剪贴材料可以请孩子们从家里带来，也可以让孩子们现场创作，还可以请孩子们的爸爸妈妈或爷爷奶奶找一些他们认为是勇敢的人的素材，邀请家长参与进来。

人们可以感受到勇敢吗?

“我曾经玩过一个下面都是水的滑梯。滑梯很高，我鼓起所有的勇气滑了下去。

——安妮，4岁”

适宜年龄

3—6岁儿童

空间要求

适合小组讨论、沉思的哲学教室或活动室

准备材料

- 纸，画布
- 手指画颜料，画笔，铅笔
- 展现某些勇敢行为的图片或照片

导入环节：这是勇敢的吗?

在谈话圈的中央放上表现出勇气的图片或照片（例如，从5米高的塔上跳下，开学的第一天，在黑暗中散步，等等）。让每个孩子选择一张图片或照片，并解释为什么他们认为这种情况与勇气有关。教师可以使用以下问题开启对话：

- “人们是不是第一次的时候比较勇敢，然后就不勇敢了？”

  （询问个人经验，收集标准）
- “只有当别人看见他的时候，他才是勇敢的吗？”

  （与他人建立联系）
- “除了勇敢，你还觉察到什么吗？”

  （把自己代入到他人的角度）

- “这些图片有相似之处吗？”

  （仔细观察，推导关于具体经验的抽象概念）
- “你能感受到勇敢吗？”

  （询问个人经验）
- “你在哪里感受到勇敢？”

  （仔细观察，做出区分）
- “你能看到勇敢吗？”

  （在内部和外部感知之间建立联系）

创意活动：把勇敢画出来

把孩子们分成三到四人一个小组，给每个小组分配一块画布或者一张大海报纸。孩子们的任务是把勇敢画出来。教师可以注意以下几方面：孩子们使用了什么颜色？他们采取了什么形式？画面是如何设计的？由此产生的“勇敢时刻”可以在幼儿园展出。

游戏活动：哑剧

请孩子们以哑剧的形式表演勇敢的人：勇敢的人是如何移动的——快、慢或者更确切地说是负重前行？勇敢的人的体型是小孩还是大人？勇敢是在空间中存在的，还是更确切地说是隐藏起来的？教师可以将孩子们的表演作为下一个哲学活动的刺激物。

如果人们每天都在做危险的事，那他还是勇敢的吗？

> “当我做某个危险的事情时，如果我可以很好地胜任它，那么下次再做时，我需要的勇气就可以少一点。
>
> ——利奥，6 岁”

适宜年龄

3—6 岁儿童

空间要求

适合小组讨论、沉思的哲学教室或活动室

准备材料

- 一张大纸
- 铅笔
- 表现需要勇气的职业的照片或图片

导入环节：勇敢人的职业

在谈话圈的中央放置表现各种职业的照片或图片，这些职业往往需要一些勇气才能胜任，例如，消防员、警察、医生、军人等。教师将孩子们分成几个小组，请孩子们按照他们认为的从一般勇敢到最勇敢的顺序对这些职业进行排序。最后，请每个小组展示他们的排序结果。

- “消防员(……)比医生（……）更勇敢吗？为什么？”

  （将抽象概念转化为具体的人物，收集标准和特征）

- “警察或军人可以‘不勇敢’吗？”

  （与行动进行关联，澄清概念，询问个人观点）

- “我们需要什么才能勇敢？”

  （收集标准，询问条件，建立与自我的联系）

- “任何行动都可以是勇敢的吗？”

  （举出例子，识别联系，指出差异）

- “如果一个人是勇敢的，那他会一直勇敢吗？”

  （感知差异，区分本质与非本质）

创意活动：谁更勇敢？

完成第一次哲学活动后，孩子们会收集许多勇敢的人的职业。把“勇敢”这个词写在一张大海报纸的中间，孩子们可以画出或贴出他们认为勇敢的人从事的各种职业的图片，这些图片也可以从杂志上剪下来后进行粘贴。

人们能看到勇敢吗？

> “勇敢在我的身体里。
>
> ——卢卡斯，5 岁”

适宜年龄

3—6 岁儿童

空间要求

适合小组讨论、沉思的哲学教室或活动室

准备材料

- 纸，画笔
- 手指画颜料
- 装扮服饰

导入环节：将勇敢拟人化

孩子们已经以不同的方式学习了“勇敢”这个概念。“我什么时候是勇敢的？”“勇敢需要什么？”“哪些人是勇敢的？”教师可以在这次活动上把“勇敢”这个概念转换为一个虚构的人物。以下问题可以鼓励孩子们进行创造性思考：

- “勇敢是一个女人还是一个男人？”
- “勇敢有多大？”
- “勇敢穿着什么衣服？”
- “谁是勇敢的朋友？”
- “谁是勇敢的敌人？”
- “勇敢喜欢吃什么？”
- “勇敢在空闲的时间做什么？”

（建立联系，寻找拟人化概念的标准和特点并具体呈现）

创意活动：勇敢先生/勇敢女士

孩子们可以画出他们虚构的人物或打扮成他们的样子。为此，教师最好将孩子们分成小组，并给每个小组配备一位老师作为指导。完成小组活动后，教师请每个小组向其他小组介绍他们的作品。展示的结果可以引发后续的讨论：

- “每个小组的作品有什么共同点和不同点？”

  （区分本质与非本质，识别联系，密切观察）
- “为什么勇敢是男人/女人？”

  （询问原因，收集标准）
- “勇敢看起来会不会像其他人？勇敢也可以是个孩子吗？”

  （考虑其他的说法，将标准精细化，思想实验）

小贴士

- 尽量在具体的情形下讨论关于勇敢的话题，例如，当孩子们进行勇敢考验时，或者当小组中的孩子表现出勇气时。
- 接近抽象的勇敢概念的最佳方法是，通过创造性的表达。让孩子们发挥他们的创造力，无论是通过运动、角色扮演还是音乐或绘画的形式都更容易进入主题。

勇敢的对立面是什么?

“当我不相信自己的时候。

——路易莎，5 岁”

适宜年龄

3—6 岁儿童

空间要求

适合小组讨论、沉思的哲学教室或活动室

准备材料

- 大纸
- 铅笔
- 盒子
- 毛绒玩具

导入环节：当我们不再勇敢

把“勇敢先生 / 勇敢女士”的图片放在谈话圈的中央，并在旁边放一张白纸。在上一次哲学活动中，孩子们已经收集了关于勇敢的大致的标准和特点。那么，现在要做的是，找出勇敢的对立面以及讨论人们可不可以不勇敢。

- “勇敢先生 / 勇敢女士能做什么？”

  （识别特征和属性，询问原因）
- “是什么阻碍了我们变得勇敢？”

  （询问个人经验）
- “一个人不勇敢的时候是什么感觉？”

  （询问感觉和个人经验）
- “我们对此可以做些什么？”

  （寻求解决方案）
- “什么是勇敢的对立面？”

  （划定术语）
- “恐惧？”

  （命名感觉）
- “恐惧的感觉如何？”

  （询问个人经验）
- “在什么情况下，你感到恐惧？”

  （将抽象概念具体化）

- “恐惧怎么可以变少？”

  （思想实验，征求想法）

- “恐惧在我们的身体里吗？”

  （有意识地和有差别地感知自己的情绪）

- “是否有不同形式的恐惧？”

  （询问经验和想法）

- “勇敢如何帮助克服恐惧？”

  （创造性思维）

- “恐惧能帮助勇敢吗？”

  （创造性思维）

创意活动：勇敢大冒险

教师把一个毛绒玩具放进盒子里，盒子上面有一个洞，孩子们看不到盒子里有什么，但是可以把手伸进去摸。邀请他们把手伸进去，如果有孩子把手伸进去，请他说说自己为什么一开始有点害怕，并猜猜盒子里面的毛绒玩具是什么小动物。

梦

与人生的任何其他阶段相比，童年是人类做梦最频繁的阶段。孩子们在梦中加工白天的印象与体验。他们梦见自己经历过的特定情况，也梦见自己必须忍受的怪物、巨无霸和冒险。在白天，他们生活在幻想的世界，或者在故事中继续做梦。那么，孩子们会怎么看待梦这一现象呢？

梦

梦一直是文学、艺术和哲学的主题。梦在宗教中也扮演着重要角色：在《旧约》中，埃及法老向约瑟追问梦的意义；在《新约》中，一位天使诱使另一位约瑟在梦中逃离大希律王；在《古兰经》中，真主安拉在梦中给先知穆罕默德送信。梦来自我们的记忆，来自我们所经历的事情。同时，梦也具有远见卓识，可以让做梦的人展望未来并激发他们去行动。西格蒙德·弗洛伊德（Sigmund Freud）在1900年撰写了一本迄今为止关于梦的最为重要的书。弗洛伊德认为，梦确保了睡眠，并且是对潜意识愿望的表达。除了夜间无意识的梦，还有白日梦或幻想的现象。即使在浪漫主义时期，那个致力于主观幻想和将现实诗化的时代，梦也会被批判。做梦的人经常被指责为虚幻或不切实际的。直到20世纪90年代，一个以“活出你的梦想！”为座右铭的运动开始了，该运动致力于推动个人实现梦想。有趣的是，这句话的意思到底是什么呢，当梦想不能实现时，梦想要如何存在呢？

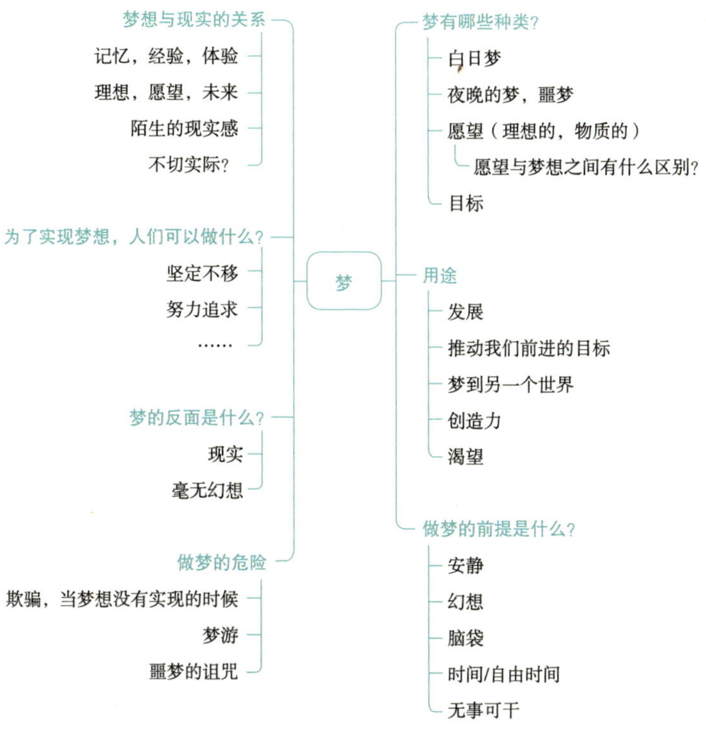
梦
梦想与现实的关系
记忆，经验，体验
理想，愿望，未来
陌生的现实感
不切实际?
为了实现梦想，人们可以做什么?
坚定不移
努力追求
……
梦的反面是什么?
现实
毫无幻想
做梦的危险
欺骗，当梦想没有实现的时候
梦游
噩梦的诅咒
梦有哪些种类?
白日梦
夜晚的梦，噩梦
愿望（理想的，物质的）
愿望与梦想之间有什么区别?
目标
用途
发展
推动我们前进的目标
梦到另一个世界
创造力
渴望
做梦的前提是什么?
安静
幻想
脑袋
时间/自由时间
无事可干

什么是一个梦?

“人们在睡觉的时候做梦。

——埃里克，5 岁”

适宜年龄

4—6 岁儿童

空间要求

适合小组讨论、沉思的哲学教室或活动室

准备材料

- 海报纸
- 笔

图画书

胡贝特·西尔雷克（Hubert Schirneck），西尔维娅·格劳普诺（Sylvia Graupner），《梦是什么？》（*“Was ist ein Traum?”, fragte Jonas*）

导入环节：图画书

小鼹鼠约纳斯（Jonas）想知道梦是什么。他先问他的父母，但是他们还有其他事情要做，并希望约纳斯一个人安静地待着。约纳斯于是出门跑去问其他小动物。不过，每种动物对这一问题都有不同的答案。到了晚上，约纳斯仍在问自己一个问题：梦是什么？

在阅读图画书时，教师可以和孩子们一起讨论以下问题：

- “你曾经问过自己这个问题吗？”

  （询问经验）

- “妈妈说梦是根本不存在的东西，这是真的吗？”

  （询问个人观点和原因）

- “约纳斯离开家的时候，为什么心里有点难过？”

  （询问观点）

- “为什么狐狸、大熊说，……梦就像……？”

  （询问比喻的含义）

- “你觉得梦是什么？为什么会这样呢？”

  （询问个人想法、比喻和原因）

创意活动：我的梦是怎样的？

在完成哲学活动后，请孩子们一起创作一张海报，上面写着：“梦就像……”海报可以包含图画书中各种动物对于梦的定义以及孩子们的想法。教师可以让孩子们将自己的想法画到海报上，也可以让他们从报纸和杂志上剪下来一些材料粘贴到海报上。

一个梦如一首曲子

> 我的梦听起来像精灵的音乐。
>
> ——利奥妮，6 岁

适宜年龄

4—6 岁儿童

空间要求

适合小组讨论、沉思的哲学教室或活动室

准备材料

- 奥尔夫乐器
- 音乐播放器
- 枕头，毛毯

音乐

约翰·塞巴斯蒂安·巴赫（Johannes Sebastian Bach），D大调第三号管弦乐组曲中的作品BWV1068第二乐章《空气》[Orchestersuite Nr. 3 D-Dur BWV 1068，2.Satz（Air）]

导入环节：音乐

在图画书《梦是什么？》中，小熊将梦描述为一种音乐。我们可以邀请孩子们躺在地板、毯子或地毯上（如果有），确保他们感到舒适，请他们闭上眼睛并保持安静。然后，（关于梦的）音乐响起，例如，播放巴赫的D大调第三号管弦乐组曲中的作品BWV1068第二乐章《空气》，让孩子们沉浸在音乐中。音乐播放结束后，邀请孩子们慢慢进入讨论。

- “刚刚发生了什么？”

  （询问经验/询问个人经历）

- “你的脑海中浮现出了什么？”“你在哪里？”“你看到了什么？”“你看到颜色了吗？”“你感觉如何？”

  （询问经验 / 想法）

- “你怎么了？”

  （寻求解释）

- “你做梦了吗？”

  （表达自己的观点）

- “我们醒着的时候能不能做梦？”

  （询问个人看法）

- “如果白天也能做梦，我们需要怎么做？”

  （询问前提条件）

- “晚上的梦和白天的梦有什么区别吗？”

  （确定差异 / 相似之处）

音乐活动：我的梦之乐

孩子们可以用奥尔夫乐器创作自己的梦之乐。

- “梦听起来是怎样的？”
- “我们可以使用哪些乐器？”

- “音乐是安静又柔和的还是响亮又狂野的？”
- “什么样的音乐可以让我们进入梦乡？”

你梦到了什么？

“我梦到妈妈在给我讲故事。

——马林，6岁”

适宜年龄

4—6岁儿童

空间要求

适合小组讨论、沉思的哲学教室或活动室

准备材料

- 云朵状纸片
- 彩色铅笔或蜡笔
- 晾衣绳或绳子

导入环节：画画我的梦

在谈话圈中央放置一些云朵状纸片，确保每个孩子都有一张纸片，让他们在纸片上画出自己的梦。它可以是做过的梦，也可以是理想的愿望、白日梦、幻想世界或夜晚的梦。

待孩子完成后，请每个孩子向其他孩子展示自己的梦，并说明自己梦到了什么。

在随后的哲学对话中，请孩子对梦进行分类，找出不同类型的梦之间的异同。

- “哪些梦属于同一类？”

  （询问类别）

  （物质上的愿望，例如，希望买一个东西与别人送他一个东西属于同一类；理想的愿望，例如，希望有一个朋友或希望爸爸最近不要工作那么忙属于同一类；幻想和白日梦属于同一类；夜晚的梦与噩梦属于同一类。）

- “所有这些梦有什么共同点？”

  （询问相似性）

- “它们之间有什么区别？”

  （询问差异）

- “人们为什么把它们都叫作梦？”

  （澄清术语 / 区分本质与非本质）

- “孩子为什么会做梦？”

  （询问原因与意义）

- “大人也做梦吗？”

  （询问想法和个人观点）

- “大人的梦与孩子的梦不同吗？”

  （询问个人想法）

- “当梦成真时会发生什么？”

  （询问想法和感受）

- “你有什么办法可以实现自己的梦想？”

  （询问经验）

- “没有梦的世界会怎样？”

  （思想实验）

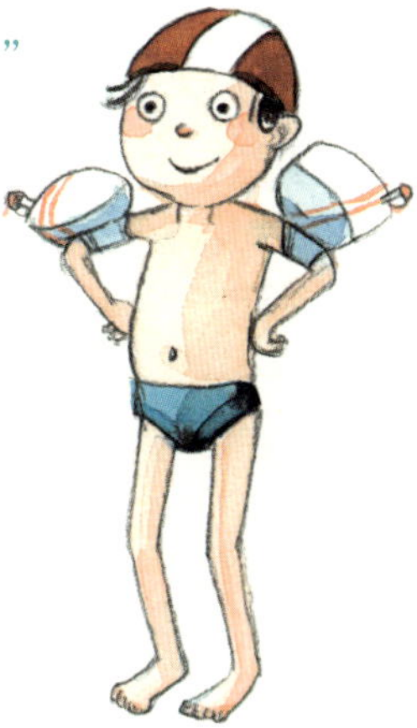

创意活动：我画的梦

把孩子们画的梦挂在绳子上。梦可以分为可以实现的梦、真实的梦、幻想和白日梦等。如果不挂在绳子上，也可以相应地用展板来展示。

创意活动：做手工

请孩子们用画笔记录下自己的梦：你的梦是什么样的？

孩子们可以创作自己的梦之书，把有趣的、令人兴奋的或是美丽的梦以绘画的方式记录下来（相关模板请参阅“附录”部分）。

几年后，这些将成为美好的回忆。

梦从哪里来？

> “梦从脑子里出来吗？
>
> ——约纳斯，5 岁”

适宜年龄

4—6 岁儿童

空间要求

适合小组讨论、沉思的哲学教室或活动室

准备材料

- 纸盘

- 很长的羊毛线
- 珍珠
- 羽毛
- 钢笔
- 打孔器
- 胶带

图画书

彼得·登普夫（Peter Dempf），加布里埃莱·达·拉科（Gabriele Dal Lago），《捕梦神器》（*Ein Traumfänger für dich*）

导入环节：图画书

“我们拿噩梦有什么办法呢？”安娜问。幸运的是，她的祖父有个妙招。他们准备一起寻找神秘的东西来制作一个捕梦神器。例如，用喜欢的贝壳或梦中的鸟羽。所有这些珍宝都会被收罗到捕梦神器中，并挂在安娜的床上。阅读故事后，我们可以向孩子们提出以下问题。

- “你有时会做噩梦吗？”

  （建立个人参考）

- “噩梦看起来是怎样的？”

  （询问个人经历）
- “我们拿噩梦有什么办法吗？”

  （举例子）
- “噩梦从何而来？”

  （询问想法）
- “你是怎样对付噩梦的？”

  （询问个人经验）
- “为什么会有噩梦？”

  （询问含义）

创意活动：捕梦神器

让孩子们把自己的噩梦画出来，放在一边，稍后放入做好的捕梦神器中。然后，请孩子们以小组的形式合作制作捕梦神器，可以利用不同的自然材料做一个盒子或是篓子，做完后把它放在哲学教室。每当孩子们做噩梦后就可以把噩梦画出来，然后放入捕梦神器中。

访谈：来自实践的经验

访谈者介绍

- 拉斐拉·茨威斯勒（Raphaela Zwießler），伊斯尼圣乔治幼儿园园长，参加过儿童哲学试点项目。
- 马伦·利诺（Maren Lienau），慕尼黑卫星电视网络有限公司幼儿园园长，其幼儿园参加了儿童哲学试点项目。
- 玛吉特·纳普（Margit Knapp），宝马集团研究与创新中心职工幼儿园园长，宝马公司父母计划领导人，参加过儿童哲学领航项目。
- 赛宾·艾格纳（Sabine Aigner），宝马集团研究与创新中心职工幼儿园副园长，参加过儿童哲学领航项目。

访谈实录

问：儿童哲学是怎么融入到你所在的幼儿园的？

马伦·利诺：我们当时参加了儿童哲学研究院的试点项目，由此将儿童哲学带到了我们幼儿园。从那时起，儿童哲学一直是我们幼儿园教育的重要组成部分。在试点项目阶段，我们固定每周一次与小哲学家（一般年龄为4—6岁的儿童）进行哲学探究，我们获得了非常激动人心的体验。对我个人而言，在试点项目阶段，我的心情总是起伏不定。有时，我感到动力十足，有时我又感到很沮丧，并且会在心里想，儿童哲学可能是行不通的。

我和孩子们的经历非常相似，他们大多数时候玩得很开心，但有时他们对哲学探究表现得没有那么兴趣盎然。我们反复地与孩子们以及团队老师一起商讨这种不安全感，我们反思了每个哲学活动的主题，并思考了如何“更好”地开展活动。由于新的学年不再有固定的哲学小组，因此我们将项目的实施变得更为宽松：孩子们知晓每周哲学活动的固定时间，他们可以选择自愿参加。儿童哲学给我带来的最大的体会是，我对孩子问题的态度发生了很大的改变。我们在处理孩子问题方面有所改变，变得更为谨慎和有意识。我们发现，与幼儿一起探讨问题是一件令人兴奋和美好的事情。

拉斐拉·茨威斯勒：由于儿童哲学在阿尔戈伊地区还不是那么受欢迎，因此人们对它的态度往往是犹豫不决的，因为他们无从设想与幼儿一起做哲学是什么样子的。这也是我们幼儿园至今尚未引入它的原因。这很困难，但是我在幼儿园一日生活中尝试实施过，也就是说，我从哲学的视角来处理孩子们的问题，或者尝试在晨间谈话活动中与孩子进行哲学对话。例如，有一次，一个孩子问道："上帝住在哪里？"这个问题引发了很大的争论："在我家。""不，在天堂！""不，他住在教堂里。"我随后试图向孩子们解释，每个孩子都可以有自己的见解。这在某种程度上解决了争端。然后，我们尝试分析这些想法："是的，如果他住在教堂里，那么他到底住在教堂里的哪个地方呢？""如果他住在天堂，他怎么会来到地球上呢？"一个孩子说，有一棵大的爬山豆长到了天上，上帝可以顺着它来到地球上。然后，我们一起种下了爬山豆，让它长了几个星期。在某个时候，我们意识到爬山豆无法长得那么高。这个问题的答案仍然是开放的，因为没有人确切地知道现在该相信的是什么。这些是我目前正在与哲学小组进行的对话。

玛吉特·纳普：我们已经经历了领航项目，并且从那以后，哲学探究已经成为幼儿园的固定项目。我们由衷地体会到，每周一次固定进行一小时左右的哲学探究是一件好事。头几个星期，孩子们必须和我们一起了解什么是哲学探究。之后，他们会发觉自己是否喜欢它。大约八周后，当我们觉得孩子们知道这是怎么回事后，我们请孩子自己考虑是否参与哲学活动。然后，我们会问每个参与哲学活动的孩子：“你们今天想做哲学吗？”我们的哲学活动是混龄的，也就是说，从小班到学前班的孩子都可以参加。

赛宾·艾格纳：通常，幼儿园新学年的伊始总是这样一个阶段，就是说，我们会感到很沮丧，因为要面对新的孩子，一切都要从头开始。今年是我们第一次可以马上开始进行哲学活动，因为去年有很多孩子已经参加过哲学活动了。孩子们从一开始就能互相建立起良好的关系，哲学活动给他们带来了许多快乐。

问：自愿原则对你来说重要吗？

玛吉特·纳普：在这方面，我们是有经验的。当谈到自由精神时，我不能说："现在你开始思考上帝。""现在你去思考正义。"我相信只有在自愿的基础上，孩子们才可能真正地对整个对话保持开放的态度。而且由于越来越多的孩子报名参加哲学活动，所以我们知道他们真的很开心。

赛宾·艾格纳：当我们问孩子们今天是否想做哲学时，孩子们总是非常自信。他们会一次又一次地告诉我们："是的，你今天问我的时候，我说'不'，然后我去做了其他事情。"没有人试图说服他们来参加。

问：你如何为哲学活动做准备？你如何找到主题？

赛宾·艾格纳：我们仍在寻找"智慧之石"。我们无法以绝对确定的方式准备一切，人们无法确切地知道如何在特定情况下做出最佳反应。我们会提前一天商量谁来准备主题，每个人思考一个主题，并与其他同事协商。

玛吉特·纳普：刚刚轮到桑科·马丁负责，他把主题定为“分享”：“为什么我们必须共享？”“人们应该分享吗？”“分享是什么？”“分享与交换相同吗？”有时，我们根本无从准备。例如，当我们使用安缇耶·达姆的图画书时，我们不知道会发生什么，我们也无法准备：我们让孩子们选择一张图片，然后大声读出上面的问题。我认为这种经历将使我们受益。在某些时候，我们不必担心孩子们选择哪个问题。相反，如果我选择一个特定的主题（例如，分享、友谊、幸福等），那么我总是试图概括图画书的主题：这本书告诉了我们什么，它在讲哪方面的内容等。

马伦·利诺：我们注意到图画书对孩子们发现哲学问题非常有益。在图画和故事的帮助下，大多数孩子会对主题产生兴趣。但是，作为促进者，只找一些图画书，让孩子们思考某些问题是行不通的。因为孩子们需要花时间读图画书，然后他们自己会产生许多问题。对我来说，准备好自己的思维导图很有帮助，但我绝不会把话题固定在某个范围内，我们必须真正保持开放并信任孩子。

拉斐拉·茨威斯勒：我没有专门为哲学探究做过准备，但是我对通俗易懂的哲学书籍非常感兴趣。通过阅读，我不断得到新的想法，然后可以将它们融入到与孩子们的对话中。

问：为什么孩子应该在幼儿园里做哲学？

拉斐拉·茨威斯勒：因为这个年龄段的孩子已经在问哲学问题了。如果我们对这些问题不是避而不谈，那么孩子们就有勇气提出这些问题，并将用一生来寻找问题的答案。如果人们在孩子的这个年龄段阻碍他们提问，那么他们将再也不会提问，因为他们注意到我们不希望他们提问。我认为他们现在这个年龄段就是爱问问题的年龄段。

玛吉特·纳普：对我来说，儿童哲学关乎我们如何认真对待孩子的问题以及如何让他们变得更为自信。为此，我们需要为孩子提供一个受保护的空间，在这个空间中，他们可以提出问题并寻找答案。我很喜欢固定的哲学时间，因为在这种哲学时间里，信任感和认真对待的态度会不时生长，并且我们也会看到孩子们是如何变得越来越开放、越来越有自信的。我认为，之前的教育并没有让孩子们更有自信心。在这个探究团体中，他们理解和我们说的每一句话，每个人都试图尽可能认真地进行独立思考和共同思考。我认为，他们无法在一般的谈话圈中体验这种氛围。只有在这个相互信任的小组中才有可能。在其他任何教育领域中，我几乎都不可能给予孩子如此多的自信和力量。

赛宾·艾格纳：哲学探究最让我喜欢的地方是，人们不会在表面隔靴搔痒。这一点特别在孩子身上体现出来。我们发现，他们喜欢对问题的答案穷追不舍。他们学会了提出自己的想法，并试图为自己的想法辩护。当我们围成一圈坐下来，有人提出自己的想法时，经常会有另一个孩子对他说："啊，我根本没想到这些。你是怎么想到的？"或"那行不通！"他们学会了批判性思考而不伤害他人。当谈到自己的想法时，他们开始捍卫并论证自己的理由。这真的让我印象深刻。

马伦·利诺：你说的经历，我也有同感。"我现在的想法不同了！"这正是孩子说的话。

问：你认为和孩子一起做哲学时应该注意什么？

拉斐拉·茨威斯勒：对每个主题有自己的想法。必须能够允许完全不同的想法，包括价值观。

赛宾·艾格纳： 我还一次又一次地注意到，人们往往将习以为常的事情视为事实和自明的。如果你与孩子们一起进行思考，以往被视为理所当然的事情会变得完全不一样。

马伦·利诺： 与孩子一起做哲学时，我们需要无条件地认真对待每个孩子的观点和思考。我们不应该对孩子的陈述妄加判断，对我来说，这有时很难做到。

赛宾·艾格纳： 是的，我们可以等一下，看看他们真正想说些什么。他们经常会拐弯抹角，突然说出他们想说的话。但是，我们必须真正地去倾听。

玛吉特·纳普： 重要的是，我们自己必须放松。即使我们知道现在是哲学时间。有成千上万的原因让孩子们无法专心："是因为我的原因吗？""是因为天气吗？""是因为白天吗？"……然后，我就会想，也许这不是哲学探究，但对孩子们来说，这仍然很重要，效果也很不错。因为孩子们不会去自己判断，他们今天是否做了哲学。

赛宾·艾格纳：要更耐心一点，我认为那是我的问题，一直都是。比如，一个孩子说了什么，我立即觉得有必要马上转到下一个问题。但是我认为，给自己和其他孩子一些时间澄清和理解想法是非常重要的。

玛吉特·纳普：对我来说，我发现，我不能强迫自己进行哲学思考。就像在这样的一天，我从一个约会跑去另一个约会。然后，让我并不感到惊讶的是，那是一次不错的对话，但我们并没有进行深入的探讨。为什么没有呢？因为我自己做不到。

问：做哲学给你本人带来了什么？

拉斐拉·茨威斯勒：处理这样的问题很令人兴奋："天空的上面是什么？"或者"究竟什么是公平？"是的，自从进行哲学探究以来，我对世界的看法发生了变化。我不得不承认，不确定性让我有些不安。面对诸如"爱到底是什么？"或者"死后我要去哪里？"之类的问题，我会一度茫然。

赛宾·艾格纳：当人们从各个方面阐明问题并发现各种各

样的可能答案时，我认为那太好了。并且对于至今我们尚未有答案的问题，我们能与他人进行深度对话。人们能够超越表面而走向深刻。

玛吉特·纳普：做哲学为我打开了一扇门。我不知道自己在寻找什么，但是现在我发现了一些“激发”我或使我快乐的东西，这使我感到满足与充实。无论我是与儿童还是与成人一起做哲学，我都感到无比兴奋。

拉斐拉·茨威斯勒：对他者的接受程度正在扩大。我以前很难接受与我截然不同的观点。自从做哲学以来，我的态度发生了变化，我的教学态度也发生了变化！我现在知道孩子们也可以告诉我一些有关世界的知识，我用完全不同的方式回应他们的问题，在处理孩子们的问题上，我变得更加敏感。

赛宾·艾格纳：教育不仅是传授知识，更是对知识的深度考察。“深刻”是我的关键词。人们将在哲学探究中获得宝贵的财富。

玛吉特·纳普：我总是为孩子处理某些事物的逻辑感到惊

讶，而我也总是为这些小脑袋里的东西感到惊讶，孩子们总是以简单易懂的方式来论述这些东西。

问：你是在团队中做哲学的吗？

马伦·利诺：我们团队已经做了一年了，还将其介绍给了其他同事。

玛吉特·纳普：实际上，人们应该在团队中更多地进行哲学思考。我们也是从一开始就这样做的，每次我们召开团队会议时，我都会做出新的反思。

马伦·利诺：我认为，做哲学是与同事打交道以及促进团队发展和团队建设的好方法。

赛宾·艾格纳：我觉得那太好了，人们实际上可以看到对方的许多内在的东西。

马伦·利诺：我认为这样的事情在团队中非常重要，人们可以敞开心扉说出自己的想法。这实际上是团队运营的好方法。

问：你如何让家长参与进来？

玛吉特·纳普：我们这里的情况是，家长一开始就决定参加儿童哲学领航项目。我现在的任务是不断地更新信息，因为新的家长不断地涌入。家长的参与现在看来已经很自然了，我们认为没有大的问题了。在“家长之夜”，我们会不时与家长一起做哲学。然后，当他们看到整个项目的意义以及做哲学背后的内涵时，他们总是充满热情。

赛宾·艾格纳：我们的家长一直清楚我们在做什么。至于孩子们在做什么，他们可能还不太了解，因为孩子们回家后并没有告诉家长在幼儿园做哲学的事情。当然，我们也不会告诉家长在哲学时间里他们的孩子说了什么。一开始他们总是问很多，但是现在，我认为他们已经接受了这样的事实，即他们可以大致理解整个项目的内容。

问：正如你们所说，做哲学要在一个被保护的空间中发生，不能从外界强制进行？

赛宾·艾格纳：是的，确实如此。

马伦·利诺：家长们被告知，对孩子进行哲学教育是教学理念的一部分。他们也知道我们什么时候进行哲学活动。我们有一本哲学家日志，可供家长阅读并记录。我们不是在记录孩子们的陈述，而是在记录一般信息：我们思考过哪本图画书，哪些问题出现了，哪些孩子参与了。到目前为止，这进行得不错。因为家长来找我们并告诉我们，他们现在可以把孩子在家里的情况和我们告知他们的事情建立起联系。

玛吉特·纳普：经常会有疑问，因为没有立竿见影的学习效果。如果现在看到一个艺术作品，我会说："哇，太好了！"做哲学这件事情可能只会非常缓慢地结出果实，而不是从表面就能看到或仅在数年后就会显示出来。如果不进行哲学探究，人们永远不会知道它将会带来什么。

附录：活动材料

幸福卡片

幸福卡片送给＿＿＿＿＿＿＿＿

来自＿＿＿＿＿＿＿＿＿＿＿＿＿＿

我的祝福：

＿＿＿＿＿＿＿＿＿＿＿＿＿＿＿＿＿＿＿＿＿＿＿＿

＿＿＿＿＿＿＿＿＿＿＿＿＿＿＿＿＿＿＿＿＿＿＿＿

时间卡片

给＿＿＿＿＿＿＿＿的时间卡片

我送给你＿＿＿＿＿＿＿＿时间

和我在一起，我对此感到很开心！

赠送者：＿＿＿＿＿＿＿＿＿＿＿＿

生命的沙漏——图片观察

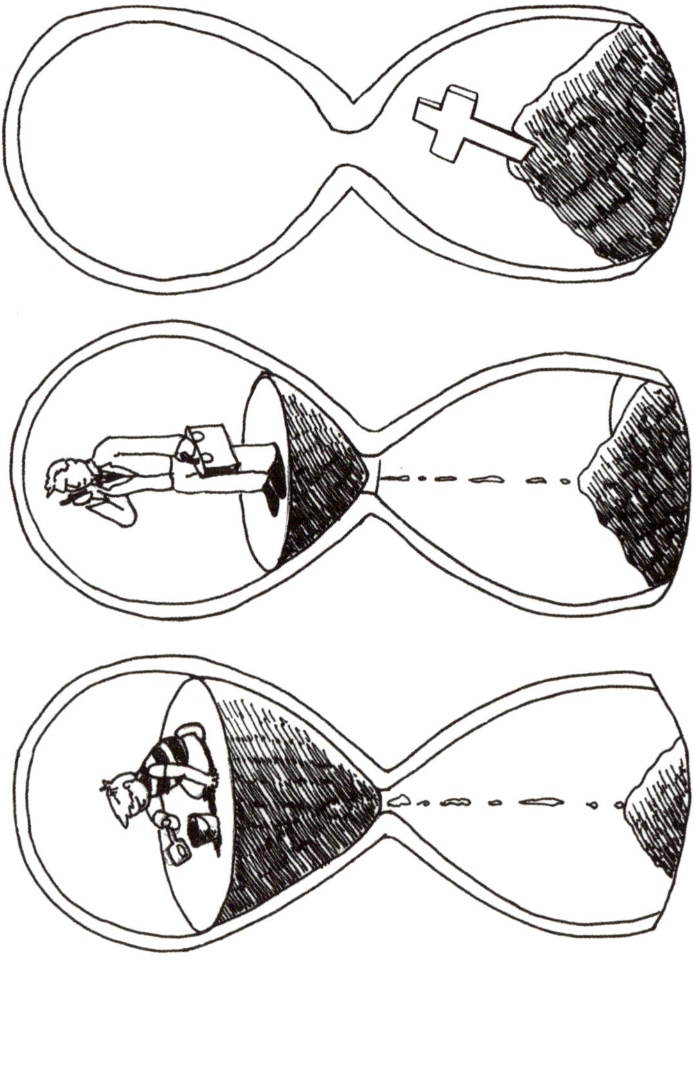

我喜欢你的地方 / 友谊之花

我的梦

我的梦是这样的:

参 考 文 献

图画书

《一个朋友》（*Ein Freund*）

安妮特·布莱（Anette Bley）著/绘

拉文斯堡出版社（Ravensburger Verlag）2008年出版

友谊

《有点不一样》（*Irgendwie Anders*）（第15版）

凯瑟琳·凯夫（Kathryn Cave）著

克里斯·里德尔（Chris Riddell）绘

厄廷格出版社（Oetinger Verlag）1994年出版

自我（他者，同一性，忍耐）

《收集思想的人》（*Der Gedankensammler*）

莫妮卡·菲特（Monika Feth）著

安图妮·波阿提里思克（Antoni Boratynski）绘

索尔兰德出版社（Verlag Sauerländer）1996 年出版

自我（思想）

《小黑鱼》（*Fisch ist Fisch*）

李欧·李奥尼（Leo Lionni）著 / 绘

贝 尔 茨 & 盖 尔 伯 格 出 版 社（Verlag BELTZ & Gelberg）

2007 年出版

自我（同一性）

《我想知道我是谁》（*Das kleine Ich bin ich*）（第 32 版）

米拉·洛贝（Mira Lobe）著

苏西·魏格尔（Susi Weigel）绘

不老泉出版社（Jungbrunnen Verlag）1992 年出版

自我（同一性）

《花格子大象艾玛》(*Elmar*)

大卫・麦基(David McKee)著 / 绘

蒂内曼出版社(Thienemann Verlag)2009 年出版

自我(同一性,他者)

《世界上的每一刻》(*Alle Zeit der Welt*)

安缇耶・达姆(Antje Damm)著 / 绘

莫利兹出版社(Moritz Verlag)2008 年出版

时间

《问问我!》(*Frag mich!*)

安缇耶・达姆(Antje Damm)著 / 绘

莫利兹出版社(Moritz Verlag)2008 年出版

不同的哲学主题和问题

《7 是不是太多了?》(*Ist 7 viel?*)

安缇耶・达姆(Antje Damm)著 / 绘

莫利兹出版社(Moritz Verlag)2009 年出版

不同的哲学主题和问题

《从无到无》（*Nichts und wieder nicht*）

安缇耶·达姆（Antje Damm）著 / 绘

莫利兹出版社（Moritz Verlag）2009 年出版

不同的哲学主题和问题

《鸭子、死神和郁金香》（*Ente, Tod und Tulpe*）

沃尔夫·埃布鲁赫（Wolf Erlbruch）著 / 绘

昆斯特曼出版社（Verlag Kunstmann）2007 年出版

死亡（生命）

《爷爷有没有穿西装？》（*Hat Opa einen Anzug an?*）（第 11 版）

阿梅丽·弗里德（Amelie Fried）著

雅基·格莱亚（Jacky Gleich）绘

卡尔·汉舍尔出版社（Carl Hanser Verlag）1997 年出版

死亡

《我很喜欢你》（*Ich kann dich ziemlich gut leiden*）

达柯玛尔·盖斯勒（Dagmar Geisler）著 / 绘

蒂内曼出版社（Thienemann Verlag）2008 年出版

友谊

《好朋友》(*Freunde*)
赫姆·海恩(Helme Heine)著 / 绘
贝尔茨 & 盖尔伯格出版社(Verlag BELTZ & Gelberg)
2009 年出版
友谊

《田鼠阿佛》(*Frederick*)
李欧·李奥尼(Leo Lionni)著 / 绘
贝尔茨 & 盖尔伯格出版社(Verlag BELTZ & Gelberg)
2009 年出版
勇敢

《世界上最好的葬礼》(*Die besten Beerdigungen der Welt*)
乌尔夫·尼尔森(Ulf Nilsson)著
伊娃·埃里克松(Eva Eriksson)绘
莫利兹出版社(Moritz Verlag)2009 年出版
死亡

《你真勇敢》(*Mutig, mutig*)
洛伦茨·保利(Lorenz Pauli)著

卡塔琳·舍雷尔（Kathrin Schärer）绘

奥雷尔·菲斯利出版社（Orell Füssli Verlag）2009 年出版

勇敢，情绪

《好好哭泣：教孩子面对死亡》（*Warum, lieber Tod ...?*）

葛伦·林特威德（Glenn Ringtved）著

夏洛特·帕蒂（Charlotte Pardi）绘

米恩德斯 & 埃尔斯特曼出版社（Meinders & Elstermann Verlag）2002 年出版

死亡

《咕噜牛》（*Der Grüffelo*）

阿克塞尔·舍夫勒（Axel Scheffler）著

朱莉娅·唐纳森（Julia Donaldson）绘

贝尔茨 & 盖尔伯格出版社（Verlag BELTZ & Gelberg）2002 年出版

友谊，勇敢

《奥托第一次伤心时》（*Als Otto das Herz zum ersten Mal brach*）

阿克塞尔·舒尔斯（Axel Schulß）著
达妮埃拉·邦格（Daniela Bunge）绘
浮标出版社（Boje Verlag）2009 年出版
死亡

《时间住在哪里》（*Wo die Zeit wohnt*）（第 5 版）
弗拉基米尔·斯库蒂娜（Vladimir Skutina）著
玛丽·J. 萨克（ Marie J. Sacré）绘
博希姆出版社（Verlag Bohem Press）1985 年出版
时间

《灵魂之鸟》（*Der Seelenvogel*）
迈克尔·斯努特（Michal Snunit）著
纳马·戈洛姆（Na'ama Golomb）绘
卡尔森出版社（Carlsen Verlag）2006 年出版
自我（同一性，灵魂）

《世界上究竟有没有胡萝卜味的苍蝇？》（*Gibt es eigentlich Brummer, die nach Möhren schmecken?*）
玛笛亚斯·约特克（Matthias Sodtke）著 / 绘

拉潘出版社（Lappan Verlag）2007 年出版

友谊

《死亡是怎么回事》（*Und was kommt dann?:Das Kinderbuch vom Tod*）

佩妮拉·斯达菲尔特（Pernilla Stalfelt）著 / 绘

莫利兹出版社（Moritz Verlag）2009 年出版

死亡

《獾的礼物》（*Leb wohl, lieber Dachs*）

苏珊·华莱（Susan Varley）著 / 绘

安内特·贝茨出版社（Annette Betz Verlag）2009 年出版

死亡

《七只瞎老鼠》（*7 blinde Mäuse*）

杨志成（Ed Young）著 / 绘

贝尔茨 & 盖尔伯格出版社（Verlag BELTZ & Gelberg）2009 年出版

感知，真理

《儿童艺术涂鸦书》（*Kinder Künstler Kritzelbuch*）

劳动工作室（Labor Ateliergemeinschaft）编

贝尔茨 & 盖尔伯格出版社（Verlag BELTZ & Gelberg）

2010 年出版

创造性思维

儿童文学

《我是我，还是？》（*Ich bin ich. Oder?*）

儿童哲学研究院（Akademie Kinder philosophieren）著

索尼娅·贾格尔（Sonja Gagel）绘

海因里希·沃格尔出版社（Verlag Heinrich Vogel）2008 年出版

不同的哲学主题和问题

《毛毛》（*Momo*）

米切尔·恩德（Michael Ende）著

蒂内曼出版社（Thienemann Verlag）2005 年出版

时间

《扎卡里纳和沙狼》(*Zackarina und der Sandwolf*)
阿萨·林德(Asa Lind)著
菲利普·韦希特(Philip Waechter)绘
贝尔茨 & 盖尔伯格出版社(Verlag BELTZ & Gelberg)
2009 年出版
不同的哲学主题和问题

《一周都是星期六》(*Eine Woche voller Samstage*)(第 27 版)
保罗·马尔(Paul Maar)著 / 绘
厄廷格出版社(Verlag Oetinger)1973 年出版
幸福(愿望)

《内尔的大问题书:探索生命秘密的旅程》(*Neles Buch der großen Fragen: Eine Entdeckungsreise zu den Geheimnissen des Lebens*)(第 7 版)
雷纳·奥伯瑟(Rainer Oberthür)著
库舍尔出版社(Kösel-Verlag)2002 年出版
不同的哲学主题和问题

儿童哲学参考书

《儿童哲学导读》(*Praxisleitfaden Kinder philosophieren*)
儿童哲学研究院（Akademie Kinder philosophieren）著
（见儿童哲学研究院网站）

《星星是幸运的吗？》(*Können Steine glücklich sein?*)
克里斯蒂娜・卡尔弗特（Kristina Calvert）著
安缇耶・冯・斯泰姆（Antje von Stemm）绘
罗沃特出版社（Rowohlt Tb Verlag）2004 年出版

《惊奇、怀疑与关心》(*Staunen Zweifeln Betroffensein: Mit Kindern philosophieren*)
多里斯・道拉尔（Doris Daurer）著
贝尔茨出版社（Verlag BELTZ）1999 年出版

《儿童是哲学家》(*Kinder sind Philosophen*)
汉斯－路德维希・弗里兹（Hans-Ludwig Freese）著
贝尔茨出版社（Verlag BELTZ）2002 年出版

《小哲学家》（*Die kleinen Philosophen*）

伊娃·佐勒·莫尔夫（Eva Zoller Morf）著

赫尔德出版社（Verlag Herder）1991 年出版

《哲学之旅》（*Philosophische Reise*）

伊娃·佐勒·莫尔夫（Eva Zoller Morf）著

奥雷尔·菲斯利出版社（Orell Füssli Verlag）2006 年出版

《与孩子一起做哲学》（*Mit Kindern philosophieren*）

玛丽－劳雷·维克－沃尔夫（Marie-Laure Wieacker-Wolff）著

赫尔德出版社（Verlag Herder）2000 年出版